阅读成就梦想……

Read to Achieve

THE EDGE OF REASON

A RATIONAL SKEPTIC IN AN IRRATIONAL WORLD

理性思辨

如何在非理性世界里做一个理性思考者

[英] 朱利安·巴吉尼（Julian Baggini）◎著

王尔笙◎译

中国人民大学出版社

·北京·

图书在版编目（CIP）数据

理性思辨：如何在非理性世界里做一个理性思考者 / (英) 朱利安·巴吉尼 (Julian Baggini) 著；王尔笙译. -- 北京：中国人民大学出版社，2020.6

书名原文：The Edge of Reason: A Rational Skeptic in an Irrational World

ISBN 978-7-300-28043-1

Ⅰ. ①理… Ⅱ. ①朱… ②王… Ⅲ. ①理性认识—研究 Ⅳ. ①B017

中国版本图书馆CIP数据核字(2020)第062988号

理性思辨：如何在非理性世界里做一个理性思考者

［英］朱立安·巴吉尼 著

王尔笙 译

Lixing Sibian: Ruhe Zai Feilixing Shijieli Zuo Yi Ge Lixing Sikaozhe

出版发行	中国人民大学出版社		
社　　址	北京中关村大街 31 号	**邮政编码**	100080
电　　话	010-62511242（总编室）		010-62511770（质管部）
	010-82501766（邮购部）		010-62514148（门市部）
	010-62515195（发行公司）		010-62515275（盗版举报）
网　　址	http://www.crup.com.cn		
经　　销	新华书店		
印　　刷	北京联兴盛业印刷股份有限公司		
规　　格	170mm×230mm　16 开本	**版　次**	2020 年 6 月第 1 版
印　　张	15　插页 2	**印　次**	2025 年 6 月第 7 次印刷
字　　数	240 000	**定　价**	75.00 元

前言

我们已经丧失了理性，而且这种丧失也绝非偶然。现代西方社会越来越蔑视理性的力量。我们很少关心它，甚至已经将它遗忘了。当我们试图利用它时，我们也不确定该如何去做。我们怀疑它的价值，不愿意相信它能够引导我们获得任何能够号称“真理”的事物。

曾经听起来无比荒诞、为人不齿的论断已经变成了新常识。诸如“那些依赖逻辑、情感分析和理性表达的人，会饿死大脑中最好的部分”这样的话已经变成华丽的励志名言。现在我们眼中典型的人类形象与 J. G. 巴拉德（J. G. Ballard）在《暴行展览》（*The Atrocity Exhibition*）中塑造的南森医生无异，因为对他而言，“理性通过提供弗洛伊德式的顺耳或方便的解释，为他找到了现实的合理性，正如理性对我们其他人所做的那样”。

人们普遍认为，理性已经不再是一种普遍受到赞赏的能力，而是被描绘为神秘与含糊的死敌，一种为枯燥的逻辑服务的冷冰冰的工具。看上去，它站在了情感的对立面，否认感觉与情绪在日常生活中所发挥的作用。无论是作为一种专制的工具、一种家长制的概念，还是作为一种西方式的不合理要求，抑或是大脑的某个半球胜过另一个半球的某种错误的“优越性”，理性都遭到了摒弃。启蒙运动几乎不再受到普遍尊重，而是经常被斥为人性丧失的产业资本主义时代的开端，以及通往“奥斯威辛集中营”这条死亡之路的起点。大众文化只是吸收了启蒙思想中低劣、堕落的内容，而且现在人们普遍相信我们在很大程度上受到基因、呼风唤雨的大公司和无意识的心理偏见的引导，受理性影响的程度要小得多。

当然，情况并非总是如此。几千年来，理性都被奉为人类的最高成就。我们曾经跟随亚里士多德的思想，坚持认为理性能力是一种区分人类与其他动物的能力。理性并不是与爱、信任或审美等热血的美德不共戴天的敌人。例如，圣·奥古斯汀（St Augustinus）曾经说过：“我们简直不敢相信，如果没有理性的灵魂，我们将会变成什么样子。”

我们已经认识到，非理性的冲动会控制我们，我们也相信，通过勤奋与努力，更好、更理性的自我会主宰我们的灵魂。例如，柏拉图曾说过：“我们非常容易发现一个人的欲望会驱使他站在理性的对立面，然后痛骂自己并发泄自己的冲动与激情。”然而，他还坚持认为：“我相信你不会声称你自己或者任何其他人曾经遇到过这样的情况，即当理性的头脑压制内心的反抗时，你的激情会与你的欲望一起反对理性的头脑。”亚里士多德也接受这样的观点，并认为：“在我们的灵魂中存在着某种元素，它与理性共存，但反对理性并站在理性的对立面。”不过他也相信，“在行为自制的人的灵魂深处，这个元素至少会遵从理性，而且在自律和勇敢之人的内心，这个元素更是随时待命的，因为在它们所处的环境下，其与理性是和睦相处的。”确实，我们在过去赋予我们的理性思维能力太多的信任，以至于识别理性的局限性变得越来越必要和受欢迎。但“失去理性便意味着发疯”之类的观点也绝不是空穴来风。理性需要寻找自身的定位，而且如果这个位置不靠近人类生活的中心，那么我们的思想便会没有方向，在各种奇思怪想、情感和他人影响的大潮中无所适从、随波逐流。

本书试图帮助我们找回我们的理性。为了实现这一愿景，我们必须了解理性的本质。很奇怪的是，这是一个被忽视的问题。涉及理性各种特殊形式（例如演绎逻辑和归纳逻辑）的文献可谓汗牛充栋，但涉及普遍意义上的理性的论述则少得可怜。这种缺失形象地反映在一个事实上：（在英语语境下）我们使用的两个用来表达理性的概念——“reason”和“rationality”——都缺乏一致的、精确的哲学定义，但实际上它们是同义词，我将在本书中不加区别地使用它们。

对理性回归的需求迫在眉睫，因为只有凭借理性，我们才能从这个时代里很多重大的问题泥沼中逃出生天。如果对某个观点是否比另一个观点更为理性缺乏清晰的认识，那么给人的感觉便是，我们对这个观点的判断最终只建立在个人见解或喜好的基础之上。这就变成了人们参与辩论不是基于证据或论据，而是基于站在哪一边感觉更舒服。什么样的经济政策最好？华尔街希望什么或者不希望什么并不重要，关键在于你属于哪个派别。人类需要对全球气候变暖负责吗？只需看看那些大企业或进步人士正在说什么，然后站个队即可。如果科学似乎正在挑战你的信仰，那么你要么相信科学与宗教无关，进而消除自己的疑虑，要么像一部分科学家那样从宗教中寻求慰藉。在所有这些辩论中，人们会为自己的立场摆出理由，但无论他们怎么说，反对者都会告诉自己“就知道他们会那样说”，并无视他们。

更令人担忧的是，对理性的力量缺乏信任似乎使良好的国际关系也变成了一种奢望。当我们放弃理性的时候，我们可使用的工具便只剩下高压统治。举例来说，一位美国资深政治家说：“叙利亚和伊拉克的恐怖分子的残暴让我们看到了黑暗之心。这些恐怖分子唯一能理解的语言便是‘武器的语言’，即用武力说话。”这位政治家并不是所谓的“鹰派”人物，而是美国前总统奥巴马，他因未能在全世界面前充分展示美国的力量而饱受批评。奥巴马在中东甚至阿富汗都扮演了理性外交的角色，但此举并未使他受到拥戴。由于理性已经变成一种“贬值的货币”，因此越来越多的人相信理性在应对国外敌对势力时几乎毫无价值也就不足为奇了。

2014 年，奥巴马出席了在联合国总部举办的第 69 届联合国大会，并发表了演讲。他在发言中指出，教派冲突超出了理性的范围。《纽约时报》的报道称："奥巴马在联合国的发言中发誓打击'死亡网络'伊斯兰国（ISIS）。"而《华尔街日报》的标题则是"奥巴马在联合国发言中提出应对伊斯兰国家的威胁"。然而，他的发言的主要内容实际上是在谈世界强国携手合作、和平共处的必要性。他说："如果正义的力量始终把伊斯兰国、基地组织或博科圣地组织暴露在光天化日之下，与它们针锋相对或驳倒它们，那么它们的思想体系便会崩塌和死亡。"这则希望凭借理性击败恐怖主义的宣言最终宣告失败，部分原因就是我们当中越来越多的人不愿意相信这一点。

柏拉图、亚里士多德及其思想的继承者对理性的力量持非常乐观的态度。他们的想法不无道理，因为消除分歧并在公共理性的共享空间内达成共识的能力是我们人类最宝贵的能力之一。为了重建人们对这种能力的尊重，我们需要清醒地认识到，拥抱理性并不意味着我们要回归一种冷漠的、枯燥乏味的科学世界观，而是仅仅指当我们需要思考的时候，可以熟练地使用批判性思维。

作为一个概念，理性存在各种或简单或复杂的形式。其中最简单的形式是一种利用智力思考问题的诉求；而最复杂的形式则体现为这种思考得以进行的精确方法。此类复杂的理性概念可能会表现为不同的形态——演绎的、科学的和辩证的。架构简单的理性存在明显的优点，大多数人都赞同它的价值，但这种赞同是以"理性"定义的模糊性为代价的——这种模糊性导致我们在试图真正使用理性时无法得到任何真正的信息。复杂的理性概念会解决这一问题，但是会以牺牲共识为代价。因为人们很难就我们应当采用何种复杂的理性概念达成一致。

因此，我们需要这样一个理性概念：它要简单到在一个共享的论证空间里，能够在个体和文化之间建立起共同的综合推理，同时又不过于简单，只有这样才能将任何事物都视为一个推理过程——从微妙的步步为营的论证到咄咄逼人的辩论和坚持自己立场的正确性。本书旨在提出这样一个理性概念，这种理性既要足够简单又要具有充分的实质性，以实现某种形式的公共对话，而这种公共对话既能够为各种合理但又有分歧的多种意见留有余地，又不会宽容到让任何真诚的意见都可以保留下来。所以这是我们的一种尝试，它努力把尽可能多的人汇集到一个单一的“理性共同体”（community of reason）中，以便保护并强化公共理性的影响范围。

这种简单的概念并不是将理性论证视为一种有条理的、机械的和僵硬的方法，而是将其视为给出和评估信念的客观原因的过程。这些原因是可以被任何有才干的思想者评估和理解的，它们或维护或忽视我们的个人价值，而且如果证据出现变化，它们也会相应做出修正。

这种形式的理性会把我们带到理性的边缘，在那里我们将很难保持平衡。首先，从心理学的角度看，由于我们被无意识的内心偏见蒙蔽了双眼，再加上外部环境导致的信息和论证的扭曲，这种理性很容易因维护偏见而以倾覆告终。其次，除了坚实而严谨的核心逻辑之外，这种形式的理性可能直接超出了过去乐观的理性主义者的想象。我们中那些希望支持理性的人必须严肃看待它的局限性和弱点。理性诚然强大，但若想让这股力量得到充分发挥，你还需要比你的对手更了解它的弱点。当我们这样做时，我们可能会不由自主地产生一种恐惧感，因为我们会意识到自己所处的理性边缘并不像我们认为的那样结实，但我们别无选择。如果我们一厢情愿地把希望寄托在信任或直觉上，那我们便脱离了实际，所做的也只是聪明的白日梦而已。从另一个角度来说，如果我们试图揭开理性的真相，那我们就如同在脚下的冰层取冰，稍有不慎便会坠入冰冷的非理性之海。

只有我们最亲密的朋友才知道我们最深层的缺陷；同样，最伟大的理性怀疑者应当是那些寻求维护理性的人。如果我们不去戳穿最浮夸的理性谬见，那我们对手的行动会更具破坏性。我提出的积极面对理性的主张会带领我们穿越有关理性的四大谬见，所有这些谬见都可以追溯到柏拉图。这些谬见包括：理性是完全客观的，并不需要主观判断；理性可以而且也应当担任我们的首席向导，也就是我们“灵魂战车”的御者；理性可以为我们的行动提供基本动因；我们可以基于完美的理性原则构建社会。

隐藏在上述四种谬见背后的是一个错误的原则，这个原则几乎受到所有理性维护者某种形式的信奉。在这一点上，约翰·斯图尔特·密尔（John Stuart Mill）曾做了很清晰的表述：“作为一名思想者，无论结果如何，遵循他的理智行动都是他的首要责任，否则他将无法成为一位伟大的思想者。”这一思想甚至可以追溯到柏拉图，他在《理想国》一书中借苏格拉底之口说过这样一句话：“辩论之风把我们吹到什么地方，我们便要跟着它去往什么地方。”① 他在《游叙弗伦篇》中也说过：“问者必须跟随答者，任从他指引。”②

这个“跟随”理性的隐喻很有力量，它包含一个重要的真理，即我们应当始终探索事物的本来面目，而不是满足于我们希望看到的它们的外在形象。但它从根本上误解了理性运行的实际轨迹——我们当然不能跟随它，不过它也不会跟随我们。不如这样说，我们请理性陪伴我们并帮助我们找到出路，我们不是它的奴隶，也不是它的主人。

说到这一点，有必要多聊一些我的这些想法是如何发展起来的。当我拿到哲学博士的文凭之后，我找了一份学术圈外的工作，在一本哲学刊物当编辑，也写了一些书和文章。但我的另一只脚还踩在学术圈内——除了编写教材、撰写论文和图书章节之外，我也接受学者们委托编辑的一些稿件。这样做有一个很大的好处，那就是多年以来，我有机会采访到世界上很多有名的哲学家。本书便直接引

① 中文引自商务印书馆《理想国》中译本（1986 版，郭斌和与张竹明译），第 97 页。——译者注

② 中文引自商务印书馆《游叙弗伦·苏格拉底的申辩·克力同》中译本（1983 版，严群译），第 33 页。——译者注

用了其中的一些访谈内容。

这份颇为特殊的工作，说谋生也好，说选择也罢，总之让我具备了通才的某种气质。我想说这个经历给了我非同寻常的视角，它让我看到了整座森林，但很遗憾的是，这座森林几乎被那些一叶障目的专家们占据了。这也使我热衷于把我的写作集中在哲学上，并将之作为我持久的兴趣。这意味着我不像别人那样渴望在浩如烟海的文献中为每一个论点找到哪怕一份参考书目作为佐证——仿佛每个注解都会为他们的论证增加合理性一般。在此，我想举一个哲学家菲莉帕·福特（Philippa Foot）的例子。她曾谦虚地说过这样一番话："在哲学方面，我真的近乎白痴。我的记忆力非常糟糕，而且我在哲学圈子里混时全然没有聪明人应当有的记忆力，也不具备那些才华横溢的学者们所拥有的行为方式。"

正如伯纳德·威廉姆斯（Bernard Williams）所总结的那样，标准的学术风格应当"通过给出连续且精确的解释方向以及完全的精神控制来确保思想传达的准确"，但我希望我的写作能够有别于这种风格。我一直在试图避开这种束缚，但我要满足它的"愿景"，即要考虑到各种异议与可能的误解，这无疑会影响到行文。接下来，除了最重要的内容之外，其他这些内容将被统统抛弃，就像搭在建筑外面的脚手架，你不需要在竣工之后还要通过它们爬上爬下寻找通道。我的愿望是，我的学术素养和我宽广的视野的结合，能够让我欣赏到从其他视角几乎看不到的理性的各个方面和美德。

过去，理性被捧得太高了，以至于脱离了可以立足的基础。相反的是，较之以前几乎被神话了的、万能的理性形象，你将看到一种更为温和的理性，它更有力量，也更有价值。正如迈克尔·帕特里克·林奇（Michael Patrick Lynch）所言，理性"与脆弱为伍，接受我们的情绪和激情的滋养，它那苍白却又不受约束的火焰必须被细心呵护，才不会变得摇曳不定和暗淡无光"。

目录

第一部分　判断

第二部分　理性的指导原则

第三部分　理性的激励因素

第四部分　如果让哲学家治理国家会如何

The Edge of Reason

A Rational Skeptic in an Irrational World

第一部分

判断

有关理性的一条核心谬见是，如果我们对理性使用得当，那我们就可以摆脱对个人主观判断的需要。对于哲学家而言，在论证过程中，必须承认其他人有可能循着同一条推理主线但却无可非议地得到一个不同的结论，出现这种情况总是令人讨厌的。这种无法容忍的状况可以在柏拉图“跟随论据”（following the argument）的思想中找到蛛丝马迹，且在理性主义的传统中彰显无遗。这其中以笛卡尔和斯宾诺莎的思想最为突出，前者曾经谈到跟随理性的“自然之光”，而后者则提出“道德”是一套准数学推导的论点。上述状况还出现在20世纪的分析哲学中，当时，这在英国和北美属于主流哲学传统。分析哲学将数理逻辑的学习作为本科课程的核心内容。学生们被鼓励相信如果他们能够将自己的论据转变为逻辑语言，他们便能干净利落地区分出被判定为客观、合理的内容和被判定为荒谬的内容。

众多哲学家都曾梦想过某种形式的理性——主观判断都被摒弃，而且每件重要的事情都可以通过严谨的算法展示出来，我们能够通过理性得出一个而且是唯一正确的结论。考虑到这种事例相当普遍，很多人宣称没有找到理性被严重高估的证据或许就不那么令人感到奇怪了。例如，根据可靠的论证，在科学领域，观察到的事实总是（或至少几乎总是）适合不止一种可能的理论解释。类似这样的想法导致某些人士的立场更加极端，即认为科学知识并没有什么了不起的，它们只不过是另外一种形式的人为建构或叙述的产物。如果我们希望找到一种现实且充满生命力的理性概念，那我们就需要揭穿这样一个谬误：没有了判断的理性，就会让我们过于依赖主观想法，但主观想法并不能被理性地批评或审查。

这便是本书第一部分的主题，它将聚焦于理性在宗教和科学领域的应用。在这两个以及其他存在推理的领域，判断的角色都是不容抹杀的，但由此怀疑理性的作用在逐步减弱也是不可取的。

The Edge of Reason
A Rational Skeptic in an Irrational World

第 1 章 科学和宗教可以和谐相处吗

最终的判断不是来自理性，而是来自推理者；对推理者而言，理性只是一个工具，而并非某种权威。

有关上帝和宗教的重大问题是我们每个人都要面对的最严肃和最重要的问题。上帝存在吗？科学和宗教可以和谐相处吗？如果没有上帝还会存在道德吗？尽管我用相当长的时间思考了这些问题，但当我受邀就其中某个问题展开公开辩论时，我却越来越不愿意接受。我感觉此类活动的整个过程越来越像一场“你画我猜”的游戏：一方提出自己的论据，然后另一方登场发言。双方摆出各种论据轮番交手。但到了最后，几乎所有人都依然在坚持自己最初的信念。只有少数真正不确定或感到困惑的听众才有可能左右摇摆。此类辩论被错误地视为知识分子的战斗——关于各方观点被发表和评价的哲学审判。然而实际上，它们更像体育比赛，每个人在场时都会为己方的队伍加油，并且在离场时相信己方的队伍才是最棒的——与结果无关。在我看来，此类活动唯一建设性的作用就在于它们提醒了观众，公众间的分歧是被允许存在的，那些他们反对的人也可能是好人——知识分子也是一样。

这种徒劳的感觉并不局限于事先安排好的辩论。宗教哲学的学术圈子更容易引发此类辩论。这个圈子里有非常聪明的人士，他们都致力于尽可能理性地对待自己的信仰。他们所撰写的书籍和期刊论文里充满了难以置信的神秘的、微妙的和复杂的论据。很显然，他们都是非常严肃地对待理性的人。但你会经常看到他们中有人在此类重大问题上改变想法吗？基本没有。有神论和无神论之间的学术交锋事实上是不存在的。确实会有一些人见异思迁，但这种情况非常罕见，所以一旦出现就会引起轰动。在这个问题上，甚至一个模糊的动摇都足以令人激动。例如，当著名的无神论者安东尼·弗卢（Antony Flew）在迟暮之年认同自然神论的时候，全世界的报纸都刊登了类似这样的大标题——“著名无神论者现在皈依上帝了”。

如果这些宗教哲学家正在信奉某种论据，那当他们先被引导至一个方向，接着是另一个方向时，你可能会期待这些人能采取进一步的行动。然而，事实是，此类论据似乎只会引来下一场反论证。例如，当一位无神论者看到一个相当高明的新论点宣称上帝存在而自己无法反驳时，他并不会说：“啊哈！这么说我应该相信上帝了！”他更可能会这样说：“这个说法不错，但肯定有某个方面是不对的，给我一点儿时间，我给你们找出来。”类似地，一位有神论者也不会仅仅因自己无法反驳一个无神论的观点而背叛自己的信仰。相反，他会认为这个论点只不过是意料中会遇到的一个挑战而已。

所有这些做派可能看上去都不太体面。宗教哲学的传播被认为是理性论证的过程，而且它永远都不会有对立面。然而，对此感到绝望会让我们误解理性论证的本质以及它对重大人生承诺（例如，是否相信上帝）的重要性。理性在此并不会发挥什么重要的作用，但它也不会拥有那种独立的、客观的判断。最终的判断不是来自理性，而是来自推理者；对推理者而言，理性只是一个工具，而并非某种权威。

只有粗线条、压倒性的论点才能脱颖而出

为什么最新、最微妙的论据都无法对人们的宗教信仰产生些许影响？其中一个原因是，在涉及重大问题时，只有重要的论据才具有影响力。哲学家和神学家都喜欢研究细节，但通常只有粗线条的论点才能脱颖而出。为此，你可以做一次“日落测试”（end of the day test）。在一天行将结束的时候，问受访者是什么让他们确认自己的基本立场的，我敢和你打赌，没有人（当然也不排除那种怪人存在）会回答“是一篇期刊论文”。而且如果真的有人这样说了，那肯定是因为那篇文章恰巧提出了一个重要的而不是无足轻重的观点。

知识分子不喜欢承认这一点，因为这会将他们拉低到无知民众的水平上。在我最喜欢的剧集《辛普森一家》（*Simpson*）中就有这样的情节：霍默不去教堂了。他并不是不信仰上帝了，而是不明白崇拜他有什么意义。他这样做的理由一点都不复杂，但我却很难反驳：

> 星期天有什么大不了的，非要去那个地方，我的意思是上帝不是无处不在吗？
>
> 与其看着一个小人物每周挤出可怜的一个小时去做礼拜，您不认为万能的上帝还有更重要的事情需要关心吗？
>
> 而且，假如我们信仰的宗教是错误的呢？我们每周都去做礼拜，会不会让上帝变得越来越疯狂呢？

当然，不管上帝是否存在，有些人可能都会摆出若干个应该去教堂的冠冕堂皇的理由。霍默不去教堂这件事的关键点在于，他不去教堂并没有做错什么。他的所有论据都指向一个基本问题：大慈大悲的上帝真的会认为人们每周去一个特别的地方去礼拜他很重要吗，细想起来是不是感觉很怪异呢？确实如此，假如上帝就喜欢我们这样，那如果我们选错了做礼拜的地方，岂不是反而惹他生气？这就是令人发狂的神人同形同性论（anthropomorphism），在这种论调中，上帝被想象为一个狂妄自大的独裁者，要求他的子民要在他面前顶礼膜拜。

如我所言，假如上帝存在，那我可以想象出合乎情理的论据来支持去教堂的做法，甚至上帝自己也有理由希望我们去教堂膜拜他。有些人却认为上帝会刻薄地看待那些似乎不是那么明显荒唐的、甚至有些合理的反对意见，这似乎就有些滥用我们有限的智力资源了。

这句话中的“明显”很重要。因为真正令人信服的都是重要的、广泛的论据，而不是渺小的、无足轻重的论据；一般而言，恰当的、概括性的回答似乎都是明显的。就拿我个人的经历来说，当我还是一个小孩子的时候，我会主动去一座卫理公会教堂做礼拜，但我的家人却没人去那里。我是一个信徒，但我的怀疑却与日俱增。虽未经历什么改宗的仪式，但有一件事却强化了我放弃信仰的想法。这件事发生在一个周末，地点是伦敦卫理公会青年会，从我到达的那一刻起，我就开始呕吐，所以当星期天的早礼拜在皇家阿尔伯特音乐厅令人敬畏的氛围中开始时，我却被送进了急救室——讽刺的是，这个急救室正好位于音乐厅的顶层。所以我坐在那里感觉非常不舒服——我只是在观察礼拜过程，而不是参与其中。

这是一次心灵的启示。突然间，有关礼拜的关键事实变得异常清晰。当我看到圣灵根本没起作用时，改变人生的时刻陡然出现了：所有这一切都是人自己的所作所为呀！你可以看到我们是如何酝酿情感，然后在某个关键点上得到强化的——被要求恪守或重建对上帝的信奉。如果把这种行为称作集体歇斯底里或许有些过头，但也仅仅是“有些”。

尽管我可以肯定地说，某些福音传道者是彻头彻尾的大骗子，但这当然不是我对卫理公会青年会的整体看法。我相信组织者会真诚地认为他们正在做的一切都是在为圣灵完成自己的工作创造适当的环境（同样地，一些“巫师”会借助冷读术欺骗那些倒霉蛋，而另一些人则真诚地使用本质相同的手法并被结果所感染，以至于相信自己真的拥有特殊能力）。

我在学校里仔细研究了《约翰福音》，并且非常清楚地明白了，《圣经》是人类而非上帝的产物。伦敦的这个周末也让我确信我所信仰的宗教的其他各个方面也都是同样的情况。由此，一个精神开关被拨动：上帝是人造的，这一事实比基督教教义还要明确。

我绝不是为了博人眼球才有这种认识的，一旦拐过这一认知角落，无须花费太多的时间，宗教的人造特征就会让人们相信某件事不仅是真实的，而且这种真实还是显而易见的。不过，与此同时，对很多信徒而言，上帝的存在也是有目共睹和清晰可辨的。

物理学家罗素·斯坦纳德（Russell Stannard）就是一位基督徒，他在接受我的同事杰里米·斯唐鲁姆（Jeremy Stangroom）采访时曾说过的一番话是这方面的一个典型例证。当被问到我们究竟怎样才能获得祈祷者与上帝建立联系的证据时，斯坦纳德说：“我认为你必须认识到，当你和一位宗教人士说话时，他们会感到自己拥有极为强烈的内在证据。正如卡尔·荣格（Carl Jung）所说的，‘我没有必要信仰上帝，我知道上帝本来就存在——这就是我感觉到的’。”

在谈及这一点之前，斯坦纳德一直在非常冷静地谈论信仰上帝的证据，仿佛上帝就是一个有待科学方法验证的假设。然而，这些言辞只不过是一个搪塞的回答，因为信徒根本不需要来自第三方的可以证实的证据——内心确信就足够了。

我认为这是这种信仰显著的典型特征。说它“显著”是因为它让人感觉或看上去显而易见，而且除了信徒之外没有人会被要求去验证它的显著性。我数次引用的另一个例子是迄今为止最后一个登上月球的人——尤金·塞尔南（Eugene Cernan）。他说：“任何心智正常的人都不会到处瞭望星空和永恒的黑暗，并否认体验的灵性，也不会否认上帝的存在。”这是对信仰明显的捍卫，但并无任何支持的证据。这就好比说：“如果你感受到了我感受到的东西，那你也应当会发现它的显著性。”

这并不是说可能根本不存在理性论证，因为在不同人的眼中，那些看上去显而易见的东西会存在很大的不同。我支持信仰的超级显著性，因为宗教是由人类创造出来的。这种显著性并不单纯依靠主观感受，而是依赖于所有人都可以得到的大量证据。宗教的社会学、历史学和心理学都指向它们的人类属性而非神话起源。这种显著性的原动力是能压倒一切的证据，它指向宗教的人类属性，而不是神话起源。其他无神论的显而易见的原则也是如此。人类是生物体，我们的身体和意识依赖于具备各种机能的身体和头脑。这是显而易见的事实，因为证据是清晰的和压倒性的，而不是因为我们认为它是真实的。

因此，我们可以看到至少有两种形式的显著性。不过这里还有另外两种水平的显著性。对自然主义者而言，哪种水平的显著性权重最大似乎是不言而喻的：所有人都可以得到依靠经验证据的显著性，而不是依靠主观体验的显著性。但当我们必须即刻看到结果时，这种显著性却不是对每个人可见的。如果某人判断上帝存在的体验比科学观察更为清晰、真实，那你很难拿出证据证明此人的判断可能没有看到最基本的层面。

知识分子（不分信徒和非信徒）通常都不说某件事“显而易见”，除非他们的观点相同。这仿佛意味着，我们认为那是一种失礼且不体面的说话方式——就像说“这是常识”一样。然而，这里面有不诚实的成分，因为虽然很多人确实发现自己信仰的核心元素是显而易见的，但另一些人可能会觉得是缺乏显著性的。在此，我将深入探讨一下。我认为在决定人们拥有哪种有关上帝和灵性的基本信仰的问题上，这种显著性通常是最强大的核心元素。与人们的普遍认识相反，学术圈的人特别容易维持某种幻觉，也就是在确定上帝是否存在的问题上，类似最新版本的本体论论点的复杂细节可能非常重要。但如果他们这样做了，我们也许可以看到更为正常的思想变化。事实上，至少在涉及基本承诺时，宗教哲学家和其他人是一样的。

这种想法可能会招致冷嘲热讽，但我想指出的是，这就是事情的本来面目。正如休谟所言，在给信仰分配证据和论据时，我们可以完美地利用理性。在做这种分配时，与较少依赖观察和较多依赖神秘逻辑术语相比，我们应该给予综合观察和事实清楚的逻辑论据更多的权重。毕竟，论证越细致，诡辩术的适用范围就越宽广。这就像一个审判罪犯的过程：重大的、无可辩驳的证据肯定会比一面之词或不精确的科学检测更有分量。如果受害者的心脏部位中了一颗子弹，那我们肯定会假设他是被枪打死的，除非我们有非常充分的理由考虑其他原因。

回到宗教的话题，尽管我们听到的所有证据都很有意义，但很显然结论将取决于无论是质疑者还是辩护者都不会抗议的事实。例如，人们对于上帝的存在具有强烈的感觉；没有充分的科学证据表明存在超出物理材料之外的其他任何材料；宗教经典都是由易犯错误的人类撰写的。不过，这种辩论与审判罪犯之间的区别在于，存在更多的空间供人们争辩其中哪个证据可以成为关键的“基石”。为什么会这样呢?

你的“基本信念”是什么

根据我的经验，就理性的重要性和价值而言，其在信徒和非信徒公开宣布的信仰方面通常不存在重大差别。对于自然主义者（即相信自然世界是自然存在的，因此不信奉有神论者心目中的上帝的人）和有神论者来讲，对一致性、无矛盾和理性凝聚力的需要都可以归入他们的信仰基石之列。从这个角度来说，二者都有可能致力于对理性的追求（这里我说“有可能”是因为有人提出信仰和理性处在对峙状态）。但换一个角度讲，这算不上什么特别广泛的共同基础。它只涉及论证的程序，并不涉及论证过程所依赖的前提。人们在口头上经常把逻辑推理比作绞肉机：你得到什么在很大程度上取决于你当初放进去了什么。如果你的论证过程以正确的前提为开始，经过充分推理，你最终将得到正确的结论。相反，如果你一开始预设的前提就是错误的，那尽管你有可能凭运气得到正确的结论；但更多的情况下，即使推理过程无缺陷，你得到的也会是错误的结论。

自然主义者和有神论者的区别通常是，他们选择不同的核心前提作为自己信念体系的基石。对于自然主义者而言，这些前提是源自明确的、客观的且任何人都可以根据自己的需要检验和评估的证据。然而，对于有神论者而言，所选择的前提却有很大不同。“也许少数人会在严格取证的基础上接受宗教信仰，”阿尔文·普兰丁格（Alvin Plantinga）说，“但对我们大多数人而言，我们的宗教信仰并不像科学假设，而且我们也未受后者的影响。”

普兰丁格这句话反映了他有关信仰上帝是“真正基本的”（properly basic）思想，及其对知识论所做的不可磨灭的贡献。普兰丁格辩称，多数哲学家承认对信仰的证明需要适可而止，所以某些信仰属于“基本”层面的内容。所谓基本信念是指我们“接受但不基于任何其他信念接受”的信念。普兰丁格举了一个例子：“例如，我相信 2+1=3，但不相信基于其他命题的结果。我还相信我正坐在我的桌子旁边，而且我的右腿膝盖稍稍有些疼痛。”我们还有其他的信念，不管有没有经过证明，它们都不是基本的。这些“都是只有基于证据才可以被理性接受的，这里所说的证据必须是可以最终追溯到所谓的‘真正基本’的证据”。

信仰上帝经常被认为是非基本的。它必须在论据和证据的基础上被证明是合乎情理的，但这些论据和证据反过来只依赖于我们都可以接受的基本信念。普兰丁格辩称这种看法是错误的："信仰上帝根本不需要建立在源自其他命题的论据或证据的基础之上……信徒可以完全自主决定自己的信仰，即使他并不了解任何出色的有神论论证（演绎论证和归纳论证），或者不相信有任何此类论证，抑或事实上根本就不存在此类论证。"

怎么会这样呢？考虑到普兰丁格几乎将整个学术生涯都献身于维护这一论断，所以任何简短的回答都会显得有些过于简单化。但直截了当地回答核心内容就足够了。普兰丁格的论点是，每个人都必须承认某些信念是基本信念，只有这样才能相信世间万物。不过，不是所有信念都可以被视为基本信念，否则便没有办法将有意义与无意义区分开来了。例如，我实在无法宣称我把圣诞老人的存在视为基本信念。那么，什么样的信念才可以被看作真正基本的呢？

普兰丁格说，如果信念是不可动摇的或不证自明的，那么它们通常就可以被认为是真正基本的。然而，他的这番论调对于检验的要求太严格了。甚至将这一标准应用于信念自身都通不过：如果信念是不可动摇的或不证自明的，那么它们就是真正基本的。这样的论断既不是不可动摇的，也不是不证自明的。此外，尽管这些标准看上去是客观的，但事实上它们都是基于个人判断的。例如，如果我们说 1+2=3 是不可动摇的或不证自明的，那又能意味着什么呢？这个结果不可能不正确，是这个意思吗？事实上，我们最有可能的坦率之言是我们无法想象它怎么可能是错误的。但如果认为我们缺乏想象的能力就证明了我们的判断是不可能错误的，那就过于相信我们的判断了。

承认这一点便意味着我们来到了楔状主体薄薄的边缘，但我们必须这样做。如果我们是诚实的，那就必须承认我们无法提供一次严格的检验，也无法区分什么是真正不可动摇的或不证自明的，以及什么对我们而言仅仅看上去是不可动摇的或不证自明的。当然这并不意味着我们会轻率地依赖自己先入为主的判断。我们可以寻找他人的观点并全面调查相关证据以检验自身信念的说服力，但我们需要靠自己做出最终判断。真理并不是民主，所以即使我们发现其他人并不相信某个命题是不可动摇的或不证自明的，但如果他们不能说服我们，我们就不应当跟随他们的判断。

一旦我们接受了这种认识，我们便可以去探索为什么会出现这种情况。对某些人来说，信仰上帝是真正基本的信念。在他们眼中，上帝有一种现实感和存在感，而且这种感觉与他们对自己或外部世界的存在感一样强烈，甚至更强。如果我们的感觉不是这样，那也许我们就会感到困惑；但普兰丁格辩称，我们不能就此断言他们的信念不是真正基本的。这样做几乎等于在没有任何证据的情况下宣布，他们所说的自己感受到了上帝的存在并不是实话。

如果你承认特定的宗教信仰是真正基本的，那你实际上便为宗教信仰和自然主义者声称的有关世界的经验真理之间几乎所有显而易见的冲突提供了一个“逃出生天”卡。例如，对自然主义者而言，如果以科学证据为基础，那特定的宗教主张自然是站不住脚的。例如，生命是由上帝创造出来的，而不是通过随机突变和自然选择出现的。如果只有经验观察和逻辑原则被认为是真正基本的，那这种认识将是决定性的。但很多宗教人士会说他们的证据基础是事实证据，而不是科学证据，例如仁爱的造物主存在的证据。如果你将科学进化的证据加入其中，那你会认为生命出现的最有可能的解释是上帝为了确保像人类这样的动物进化而解决了随机突变的问题。而且正如普兰丁格所辩称的那样，进化理论根本没有否认这种可能性。有关进化过程完全不受控制的思想就是“形而上学或神学的附属物”。因为所有的进化理论都说：“上帝可以让正确的突变在正确的时间发生，进而获得他所希望的结果，并让自然选择承担其他义务。”

在我们的真正基本信念中存在着这种多样性，这就解释了为什么关于宗教信仰的任何哲学争论都不可能（如果不是实际上的不可能的话）最终导致一方做出决定。真正的冲突在于，人们为什么相信他们所做的每一件事的基础，战争便是因人们所坚守的信念而爆发的。这就像当入侵植物物种（例如日本虎杖在英国泛滥）的根系扎得太深并有能力实现自身再生的时候，人们便试图直接修剪（甚至毫不留情地砍断）它们的茎部，从而摆脱其侵扰。哲学家拥有以论据形式呈现的相当锋利的"大镰刀"，而且一般说来他们都挥舞得很熟练，但他们所做的只是为新的杂草提供生长空间，然后将它们也修剪成一定的大小，从而导致整个循环再次开始。这种"真正基本的信念"的思想让我们的眼界更加清晰：为什么人们对重大问题的立场往往依赖于更引人注目和更广泛的论据，以及为什么比以往更精确的推理都无法结束宗教人士和非宗教人士之间的辩论。除非越来越多的缜密推理会引领我们达到某种状态——这种状态很显然会破坏被辩论者视为真正基本的某种东西——否则它们都是无力的。如果情况不是这样，那他们将基于更广泛的而不是更细致入微的论据，相当合理地得出他们的结论，因为将更多权重放在似乎清晰、明了的论据上是理性的，而放在我们有理由怀疑的论据上只能展示其推理过程的机智伶俐。

理性的整体性——把所有合理的论据都考虑在内

不过，"基本信念"的概念稍稍带有误导性。具体来说，它更适合表达理性的隐喻，也就是将该概念视为一个自下而上的过程，这其中的论据是构建在坚实的基础之上的。这是基础主义者的方法，历史上，这种方法与笛卡尔有着密切的关系。笛卡尔认为："如果我希望将一切事物完全建立在既稳定又有可能持久的科学的基础之上，便有必要将一切完全毁掉并从基础重新开始。"基础主义者试图找到一个坚实的知识基础，即所有其他信念赖以存在的某种坚如磐石的确定性。

基础主义者对理性的认识有着悠久的历史，但这种认识从根本上就是被误导的。为了说明原因，我们很有必要回到"following the argument wherever it leads"

（跟随论据，不问结果）的隐喻上来。这里英文单数的使用是极具误导性的，跟随论据也是极为荒谬的，因为论据往往不止一条，而且理性的探索者必须把所有合理的论据都考虑在内。

与宗教相比，健康可以为这一普遍原则提供更为清晰和更少异议的例证。我们以摄入高度饱和脂肪与罹患心脏病的关系为例。这一联系是基于大量研究建立起来的，其中很多研究项目都非常庞大，再加上某些对生物机制的认识，即摄入大量饱和脂肪会导致心脏受损。

如果你在一份很有名的报纸上读到了一篇名为《饱和脂肪与心脏病之间未见联系》（*No Link Found between High Saturated Fat and Heart Disease*）的文章，接下来会发生什么事呢？当然，首先你会试图确定这份报纸是否准确报道了这项研究发现。在本案例中，你看到的结论确实是“现有证据无法明确支持那些鼓励大量摄入多不饱和脂肪酸和少量食用完全饱和脂肪的心血管健康指南”。以此为基础，你不应当做的事情之一就是，马上跟随这项研究的论点并得出结论：烤奶酪和牛油三明治应当被纳入每日食谱。相反，你必须考虑这项新研究是怎样与现有证据相吻合的。那些很明显的矛盾又怎么解释呢？

对于这个问题，有几个可能的答案。其中一个答案是，之前的理论就是错误的，因为它搞错了因果关系。罹患心脏病概率的提高或许是进食特定食物（例如加工过的肉类和奶制品）的结果，这些食物碰巧富含由于其他原因对你的健康不利的饱和脂肪。由于很难把吃了大量未加工脂肪的人与吃了加工脂肪的人区分开来，研究人员可能忽视了这一重要差别。

另外一个可能的解释是偶然发现了一种具有误导性的相关性。有充分的证据显示，很多（或许是绝大多数）西方人在减少脂肪摄入量的同时，却吃掉了更多的精制碳水化合物——包括糖，所以他们从减少饱和脂肪摄入量获得的好处有可能就这样被抵消掉了。如果不准确考察人们实际都吃了什么，而只考察饱和脂肪的摄入量，那任何大型的研究项目都无法告诉你减少脂肪摄入量对你是好还是坏。这有点像那些“减少饮酒对你的健康不利”的说法，因为研究显示，那样做的人的吸烟量反而增加了。

当然，对于这个令人奇怪的新结果还可以找到很多其他可能的解释。不过问题的关键点却很简单：如果你孤立地考察这份新研究报告，那你是找不到正确的解释的。这项研究提出了很多证据，理性的探索者需要考虑所有其他现有证据所处的环境。一个比较好的指令是“跟随所有论据，不问结果”，但要认识到不是所有论据都沿同一条路径展开。

这里尤其需要指出的是，你不需要考虑这项新研究存在哪些瑕疵，只有这样才能保留对它的判断。我们暂缓判断的理由可以是内部的，也可以是外部的。当我们考察论证过程存在哪些前提或者对需要采取的步骤存疑时，我们的理由是内部的；而当我们有充分的理由相信论证过程的结论，或者我们有非常充分的理由相信为真的论断存在矛盾时，我们的理由是外部的。这意味着，如果你相信现有证据压倒性地支持饱和脂肪与心脏病之间存在联系，那你便有非常充分的理由不因新的研究而立刻改变自己的思想，即使这项研究的逻辑性看上去是完美无瑕的。

很明显，支持或反对上帝存在的论据与此类似。宗教哲学家通常会接受支持他们立场的若干论据。其中一些论据可能被他们认为是极为强大的，所以他们甚至都想象不到这些论据可能最终会被证明是错误的。因此当一条似乎支持充满矛盾的主张的新论据出现时，他们会保留对它的判断，并坚信“它最终可能会被证明是错误的”就是合乎情理的。当然，认为这条论据是绝对错误的并拒绝接受“它有可能是合理的”就是非理性的了。但此类极端的教条主义和毫不妥协的态度没有理由要求我们在不考虑其他所有论点的情况下拒绝遵循这一论点。

坚持一条明显合理的论据事实上是很困难的，就像我们总有理由鄙视那些对神秘的超自然故事的解读。例如，你可能听说过有一种有透视能力的人，他们可以做出准确的预测，以至于你觉得这不仅仅是幸运或巧合。但根据我们的经验，到目前为止，每个此类案例的最终表现都远远不如其第一眼看上去那样令人叹服。因此每当有类似的新主张出现时，我们都有充分的理由对它们表示怀疑。

在你了解某个学术争议之后，产生那种“元归纳”的怀疑也是正常的。例如，如果你看到有很多人试图通过纯粹的逻辑推理来证明上帝的存在，但都失败了，那么你便会合乎情理地相信可能会有一个充分的理由来解释他们的失败。因此你在看到老方法出现新花样时，假设这种新方法将重蹈覆辙也是完全合理的。

所以，为了了解为什么很多学术争议的论据极少能引领人们改变思想，我们必须首先了解推理过程的整体特征。我们相信我们所做的事是因为其存在很多相互重叠和相互促进的原因和论据，而不是因为认为人们就是那样解决问题的。

信念之网

让我们继续上一节的话题。不管怎样，有关健康咨询和宗教信仰的案例还是存在区别的。以饱和脂肪为例，我们期待适时的案例研究能够明确支持参与辩论的某一方，而且专家意见会达成一致。然而，对宗教信仰而言，类似的期待似乎是极其渺茫的——专家们会继续争吵，而我们期待会出现某种精彩论据或决定性证据来解决争端的想法，看上去颇有把死马当活马医的味道。那为什么理性不能随时间的推移为我们带来一致呢?

为了回答这个问题，我们需要将理性整体发挥作用的想法与确认某些信念是“真正基本的”基石的见解结合起来。对于参与宗教辩论的各方人士而言，他们整个体系中的某些信念是如此不可动摇，以至于任何其他事物都只能努力去适应它们。很显然，如果你相信上帝超出了所有人的理解能力，那么你甚至都不需要去领会这些重构的信念是如何组合在一起的。所以，如果世间明显存在的各种悲惨遭遇与信仰无所不爱、无所不能和无所不知的上帝之间发生了冲突，我们很容易在逻辑上得出结论，即上帝有理由让那些我们无法理解的痛苦存在于人间。

为了了解理性的本质和范围，我们有必要弄清楚为什么信念的整体性与特定信念的基本特征并存，因为从表面上看它们是矛盾的。借助当前的标准术语，我们可以发现，在基础主义和融贯论之间似乎存在明显的区别，后者声称我们的信念必须组合在一起，并与证据一起以共同形成最完整的现实图景的方式匹配起来。例如，尼古拉斯·雷舍尔（Nicholas Rescher）写道：

> （基础主义）与融贯论形成鲜明对照，后者忽略任何针对基本的、基础的事实真相的诉求，直截了当地否认实际知识（甚至是可信知识）要求某种确定性基础的观点。对融贯论者而言，知识不是一堵培根哲学的砖墙——墙砖在坚实的基础上一块一块搭起来；相反，其更像一张蜘蛛网，每个知识块都是一个节点，通过非常细的证据链——“丝线”——与其他知识块连接起来。每根“丝线”都弱不禁风，但在完全连接之后却能形成一个强大的构造。

在这场辩论中，我站在融贯论者一边。不过，我也相信二者之间的区别并不像教科书中说的那样绝对，而且我希望自己借助的融贯论中的核心事实能够（通常）被基础主义者接受。甚至在某种程度上，那些追求纯粹的基础主义方法的最严谨的理性主义哲学家，都要求他们所依赖的基础能够相互支持。例如，众所周知，笛卡尔需要让一个原则（“我非常清晰和明确感觉到的都是真实的”）和一个信念（“存在一个完美的上帝”）成为他的思想基础。但这种原则和信念无法独立得到证实——他只能以“清晰而明确地感知到上帝存在”作为证据来确认上帝的存在；而且他只能相信他自己对存在上帝这一假设的清晰且明确的感知。在很多批评家看来，这种“笛卡尔循环”都是错误的，而且会有损他的论证。一个更为宽容的解释是，基础主义并不是纯理论的，其甚至还需要一定程度的连贯性与一致性。

或许更为重要的是，融贯论者不必去争论某些信念比其他的更基础。最引人注目的是，苏珊·哈克（Susan Haack）曾经对某种立场表示支持，她为其起了一个不太合适的名字——“基础融贯论”（foundherentism）。这种观点认为，尽管信念是串联在一起的，就像填字游戏中的英语单词一样，但有一种观点是，我们的经验为整个纵横交错的体系打下了基础。

我认为这些值得信赖的融贯论观点需要向基础主义做出一些妥协。换句话说，融贯论者必须接受将“信念之网”中的某些原则作为融贯论的首要原则。这里并不存在相互矛盾的情况。维特根斯坦在其思想中接受了这种做法，即当我们到达信念基石的底部时，我们“或许可以说这些基座是属于整座房屋的”。

伯特兰·罗素（Bertrand Russell）对“融贯论需要某些形式的首要原则”的观点进行了清晰的阐述，同时列举了无矛盾原则（无矛盾律）的例子：

> “连贯性”将逻辑学规律预设为真实的。如果两个命题都有可能是真实的，那它们就是连贯的；如果至少有一个命题是错误的，那它们就是不连贯的。现在，为了弄清楚两个命题是否都有可能为真，我们必须将此类事实称为矛盾律。但如果矛盾律本身受制于连贯性的检验，我们将会发现如果我们假定它为假，其他任何事物之间便不再具有连贯性。因此，逻辑规律提供了实施连贯性检验的骨架或框架，而它们自己并不能依靠这种检验建立起来。

罗素本人认为这是对融贯论的反论证。但事实上，融贯论者不允许某些此类首要原则的存在是没有任何理由的。我们可以看到，为什么我们要首先通过“信念之网”的隐喻思考融贯论，例如，雷舍尔利用“节点”（node）一词表示构成网络的细丝的连接情况。如果你想知道一个网状结构是如何工作的，那你很容易就会想到网中的特定节点对于整张网的支撑是至关重要的。以蜘蛛网为例，其通常是通过一两根关键的丝线固定在一起的。按照这个逻辑，割断这几根细丝，整张网就会垮塌。然而，割断蜘蛛网内的若干根相互连接的细丝，整张网依然很稳固。

隐喻可能会误导你，但在这个案例中，隐喻的基本特征会继续存在下去。在辩护信念是整合在一张相互维系的“网”上，而不是搭建在一两处关键基础之上的过程中，融贯论者不需要再声称这张网上的各个节点同等重要。例如，我们可以清楚地看到，无矛盾原则对于任何连贯的信念之网保持完整都是至关重要的；而对于我们大多数人来讲，2002 年 5 月 7 日这一天的温度和所发生的事件之间几乎或根本没有关系。

因此，为了保证信念之网的完整，融贯论者应当承认其中的特定节点比其他节点更为重要。它们之所以关键，是因为它们就是我所谓的“关键节点”——这些信念与网络中的很多其他信念相连，并撑起了整个网络。这从本质上讲是融贯论的首要原则，也是它们的重要性所在。不过，与传统的基础主义者遵从的首要原则不同的是，这些“关键节点”不是被即刻和明确地了解的——通常是通过感官体验和不证自明的。例如，笛卡尔诉诸“清晰而明了的思想”，而洛克则谈到了“那种永远与我所谓的直觉相伴的明亮的光和充分的保证”。相反，“关键节点”只能通过它们在完全张开的“信念之网”上的位置得到证明。正如维特根斯坦所写：“那么明显触动我的不是单一的公理，而是结果与前提相互支持的一个体系。”例如，无矛盾原则获得支持不是因为它是不证自明地、孤立地为真，而是因为我们看到，如果没有它，信念之网是无法支撑起来的。它们是不可或缺的，而不是无可争辩的。

因此，融贯论者和基础主义者的区别不像通常假定的那样鲜明。不管你关于理性信念的观点如何变化，总有一个特定的信念会占据一个特别基础的或相当基础的位置。每一座信念大厦都是建在特定的基石或节点之上的。而且至关重要的是，这些基石或节点是起支撑作用而非被支撑的，所以从某种意义上讲，我们证明它们可信的过程要靠它们自证。但这并不意味着在证明它们时，我们就完全插不上话。迈克尔·帕特里克·林奇指出，尽管我们视某些原则和信念为天经地义的，但“这并不意味着我们不能为我们视为天经地义的东西提供理由，它只是意味着我们所提供的理由必须属于不同的类型”。

这两种观点有一个共同点，那就是它们都认为信念是可辩驳的，即当出现新信息或新论据时，信念存在被修改或被否认的可能性。人们通常认为，虽然基础主义者将特定的信念确定为不可辩驳的，但融贯论者却致力于所有真理假说的可辩驳性。如此一来，融贯论者必须对这样一种可能性持开放态度，即合理信念的网络可能会在未来以某种方式发展，从而使曾经看似显而易见或不言而喻的问题变得棘手。

然而，可辩驳性的问题可被视为独立于基础主义或融贯论方法之外的问题。有这样一种观点，即所有诚实的调查者都应当承认自身所有信念的可辩驳性，甚至卓越的基础主义者都应当承认自己是有可能犯错的。所以现实问题不是是否任何信念本身就是可以辩驳的，而是哪些特定信念能够被视为足够完善并因此可以不在被怀疑之列。在此，融贯论者和基础主义者的观点相当一致。融贯论者承认特定的关键节点对于避免整个理性之网垮塌是不可缺少的，他们认为这些节点就像基础主义者的首要原则一样坚如磐石。例如，无矛盾律作为一个不可动摇的基石，就是一个不可割断的关键节点。

理性论证可以为宗教提供辩护吗

为什么理性论证不会像它被认为的那样，引导人们彻底改变或经常改变自己的思想？这其中一个最重要的原因就是，大部分理性论证的过程在本质上属于护教学（apologetics）的范畴。这一术语在多数情况下与宗教神学密切相关。例如，基督教护教学旨在批驳那些反对有神论合理性的论据，并展示基督教教义与理性是不矛盾的。因此护教学的本质是防御性的而不是建设性的。它的目标不是利用理性构建合理的信仰基础，而是利用理性展示宗教基础在逻辑上是没有缺陷的，也不会受到来自科学的、历史的或其他任何经验证据的致命破坏。

神正论（theodicies）为护教学的作用提供了最清晰的例证。其试图解释一个无所不爱、无所不知和无所不能的上帝究竟是怎样做到允许从邪恶的人类活动到自然灾难等各种罪恶发生的。所谓的“罪恶问题”（problem of evil）仿佛是一个反对上帝存在的决定性论据，因为似乎如果上帝允许，譬如说，人们死于可怕的埃博拉病毒，那上帝要么是无力阻止它（祂不是无所不能的），要么是对其不了解（祂不是无所不知的），又或者是不想去阻止它（祂不是无所不爱的）。神正论试图摆脱这个三难困境并诡辩，例如，为了人类的福祉，上帝必须让这些事情发生，因为允许这种短期罪恶发生，比拒绝赐予我们长期幸福更具爱心。

当理性以这种方式被利用时，我们应当很清楚为什么它不能经常引导人们改变立场。如果这种立场不是建立在理性基础之上，那么通过展示理性不能支持这种立场的做法就很难撼动他们。护教学失不失败在此似乎并不重要。例如，有很多信徒承认，在现有的神正论体系中，没有哪一种完全令人满意。尽管如此，考虑到他们为自己的信仰还准备了其他数不清的理由，神正论并不被其视为决定性因素。在上帝的世界里，罪恶的存在仅仅被视为一种未解之谜。

对很多自然主义者而言，这种对罪恶的认识仅仅让人们看到了宗教信仰是多么不可理喻。但无论如何，至少有两点理由提醒我们应当认真对待宗教护教学的重要性。

第一点，理智地承认未解之谜根本不是什么丢脸的事，例如无数哲学悖论已经让人们争吵了几百年，而在科学面前也堆积着无数的未解难题。近一个世纪以来，科学家和哲学家一直在以一种与基本的逻辑法则或常识并行不悖的方式努力探索量子物理学的奥秘。这些科学家们并未因为这些问题的存在而被迫放弃自己的理论，因为他们所在的科学领域的其他方面都有着极为坚实的基础。当然，这并不意味着放弃未来某一天这些未解之谜和悖论会被彻底揭秘和解决的希望。但如果我们对如何做暂时毫无头绪，那与“未解之谜”们相伴而行也是合乎情理的选择。

这种认识是靠整体论、融贯论和适当的基本信念维系起来的。不管是量子物理学家还是神学家，他们都接受各自信念中在逻辑上充满矛盾的推论，因为他们认为那些信念较之任何其他选项拥有更好的基础。他们之间的重要区别仅在于，神学家会为了巩固自己的信仰而接受非科学甚至科学的证据。虽然自然主义者可能会对此嗤之以鼻，但从原则上讲，好像也没有一个简单的办法能指责对方的非理性。宣称科学是确证信念的唯一基础也不是科学的态度，因为这样说有一点科学至上主义的味道，这是一个需要探讨的哲学立场。科学不能发现真理，只能通向真理。

确实，我们应当进一步发现，大量的（有可能是绝大多数）科学家并不是用科学方法训练出来的。例如，他们并不把自己的道德信念建立在实验发现的基础之上，也不会设计实验来检验爱侣的忠诚度，但他们会使用远非科学的方法去评判一首诗歌或一首乐曲的美学价值。

因此，接受你的观点具有自相矛盾的内容，并不意味着存在任何内在的非理性，你也不能指望会有任何除了科学以外的理由能支持你的信念。护教学并不是唯一信奉这一点并遭受致命损害的。

第二点也许是更重要的一点，有相当多的推论是以某种形式的护教学展示出来的，而不是在首次出现时暗含的。在神学以外的领域，人们很少会明确地说，他们的理性仅仅用来维护基于其他理由已经持有的立场——不管是理性的还是非理性的——但实践中，他们经常都是这么做的。

几乎随便一场哲学辩论，你都能发现对理性持特定立场的人。再看一下他们的著述，你更会毫不奇怪地发现，他们的工作是一种系统性的尝试，通过发展观点，使其更有力、更细致入微地来抵御批评，从而捍卫自己的立场。这种情况看上去是如此自然，以至于我们有可能忽视选择不同的立场本来就是件很容易的事情。例如，人们可以想象，在一个哲学家们围绕某个课题撰写了大量论文的世界里，一些人持有一个特定的立场，而其他人则表示反对。我们期待他们是平心静气的观察者。但凡事总有例外。例如，希拉里·普特南（Hilary Putnam）在其职业生涯中因在若干关键问题上改变自己的立场而出名。普特南曾经说过："我从不认为坚守某个立场并为此扬名立万是一项美德，比如某个品牌的供应商或某个出售玉米片的人。"但这恰恰是他的大多数同侪们所做的事情。或许在一个理想化的哲学世界里，只有那些不改变思想的人才能脱颖而出。

或许可以这样说，护教学学者和哲学家的区别在于，尽管他们都把理性作为一种防御手段，但站在哲学家的角度看，他们正在维护的思想最终是以理性为基础的。这里面或许存在某种真理，但正如我在本书中所展示的那样，这种真理并不能被直截了当地获得。但即便如此，依然需要承认的是，理性在更多的时候是被用作某种护教学工具的，而不是一种客观地确定哪个立场实际上是正确的方法。

暗淡的理性之光

在跟随理性的过程中，我们似乎来到了一个昏暗之地。一旦我们承认理性是整体地发挥作用的，信念是连贯起来的、而不是建立在不可动摇的基础之上的，以及我们最基本的信念本身未必是依赖理性的，那么理性经常在终结重要的学术辩论（例如那些围绕上帝是否存在以及上帝本质的话题）时软弱无力的原因便清楚了。如果我们进一步指出，理性至少在帮助确立立场的同时也被用来维护它们的经验事实，那么我们或许会因做不出更加理性的推论而获得原谅：每当我们相信非理性的理由时，我们总是会为自己和他人寻找合理性。

然而，我们不应当快速沉沦下去。当我们看到某种曾经被认为无所不能的事物实际上比我们认为的要脆弱时，我们要么抛弃它，要么就充分利用它的力量。因为理性拥有巨大的力量——无论它有什么局限性。

首先，正如普兰丁格本人所明确承认的那样，“真正基本的信念”这一概念不能成为一种借口，即把任何信念都视为一种合理的基石。我们可以利用自己已有的理性探索特定基本信念的合理性。这涉及两个关键问题：这些信念是不可或缺的吗？它们是可靠的吗？

第一个问题是在问我们是否需要一种基本信念。很显然，有一些信念会通过这个检验。如果我们承认自己疯了；如果我们不承认类似无矛盾律这样的基本逻辑法则是合理的；如果我们的认知没有出现系统性错误；如果其他思想都是真实的，以及如果自然事件都是自然原因的结果……总而言之，如果不承认这一切，我们便根本不能说任何事物是合乎情理的。坐在假设猜测的扶手椅上，对所有这些都有可能持激进的怀疑态度，但如果我们生活在现实世界里并用头脑去思考，这些激进的怀疑便不可能出现了。进而我们说此类信念是真正基本的，因为它们是不可或缺的。

第二个问题是这种基本信念是不是可靠的。某些信念——即便我已经认定其为不可或缺的——未必完全可靠，但它们会比其他信念更为可信。例如，如果我们相信自然事件背后必然有自然原因这一信念，并据此做出行动，那么我们就会发现这一信念是可靠的：它能够帮助我们掌控希望掌控的事物，并做出更为准确的预测，如果我们没有这一信念，便很难如此行动。

然而，如果我们针对宗教信仰提出这两个问题，那我们会发现相关回答都是消极的。很显然，在了解世界的过程中，人们未必需要信仰上帝。可靠性问题甚至更为重要。很多人把他们对上帝的了解视为可接受的证据，也就是上帝的存在是真实的，这种真实与人类对自然世界的体验是一样的，但是这两种体验事实上是迥然不同的。针对外部世界的体验是普遍的和不可或缺的，并能够引导人们科学地探索世界。然而，针对上帝的体验却完全不是普遍的，而且无法引导我们真实地探索世界。那些看到上帝插手太多事情的人总让人感觉不那么靠谱，因为他们看到的只有自己的心理作用和心理反应。

最令人沮丧的是，传说中的神圣体验就是明显靠不住的证据。很多人声称获得了此类体验，然而即使是这种体验，也会因人和文化而异。如果宗教体验既可以展示一个人格化的上帝，也可以展示一个非人格化的神格，那么这种宗教体验就是不可靠的——因为二者不可能同时正确，至少会有一个是错误的。所以针对特定宗教信仰应当被认为是真正基本信念的断言，我们可以借助理性认真地提出反对意见。

理性的一个深层次作用是，由于信念之网中的某些节点比其他节点更加重要，而且其确实以这样那样的方式依赖相关证据，因此把这些节点问题化，就有可能严重弱化融贯论者的立场。当然，宗教信仰存在各种形式，但很多采用这种形式的宗教信仰都很脆弱。我们以各种形式的二元论宗教为例，它们声称无形的灵魂是一种与实体物质不同的物质。反方观点中的关键节点是：第一，我们是一个生物物种——人类；第二，我们拥有的所有可靠证据都显示，一个功能完善的大脑对于意识是充分且必要的。这些节点都是坚实可靠的，而且（如果属实的话）与二元论观点并不相容。类似地，各种形式的基督教都坚称《圣经》教义阐述绝无谬误。但考虑到《圣经》的写作过程和内在矛盾，有大量确凿证据表明，这种立场是站不住脚的。

这说明我们有办法避免得到以下悲观的结论，即基本信念的角色和融贯论的论证结构意味着有如此多的空间供人们选择他们的基本前提，以至于其根本没有办法展示哪种观点具有更加合理的理由。这太悲观了。问题的关键在于没有捷径可言。在一张信念之网上，若干节点非常关键，摧毁它们会导致整个信念体系的坍塌，而且这些节点可以完全独立于网上任何其他节点之外接受评判。当然，要想拆除这张网的话，也只能一片一片地进行。

事实上，我们看到的结果可能与这种悲观的结论相差无几。当你有强烈的愿望去相信某件事的时候，你总是能够说服自己——“一个决定性论据相对于某个节点而言根本不是决定性的”，甚至你已经为此找好了说辞。即使一位口若悬河的批评家将那张信念之网撕得支离破碎，也总有人能通过重新编织和修补使这张网重新撑起来。我们知道理性无法说服每个人，但这并不重要。一个论点是合理的还是令人信服的，是两个不同的问题。毫无疑问，即使是最充分的理性论据，也会经常无法规劝人们。理性并不总是会有心理上的效果，它的作用在于帮助我们接近真理。然而，正如你可以牵着马儿走到水边但无法令其饮水一样，你也可以引导一个有才智的人接近理性，但却无法令其思考。

本章小结

哲学家和神学家都喜欢研究细节，但通常只有粗线条的论点才能脱颖而出。

人类是生物体，我们的身体和意识依赖于具备各种机能的身体和头脑。这是显而易见的事实，因为证据是清晰的和压倒性的，而不是因为我们认为它是真实的。

我们可以寻找他人的观点并全面调查相关证据以检验自身信念的说服力，但我们需要靠自己做出最终判断。真理并不是民主，所以即使我们发现其他人并不相信某个命题是不可动摇的或不证自明的，但如果他们不能说服我们，我们就不应当跟随他们的判断。

理性的探索者需要考虑所有其他现有证据所处的环境。一个比较好的指令是“跟随所有论据，不问结果”，但要认识到不是所有论据都沿同一条路径展开。

融贯论者必须接受将“信念之网”中的某些原则作为融贯论的首要原则。

如果我们对如何做暂时毫无头绪，那与“未解之谜”们相伴而行也是合乎情理的选择。

毫无疑问，即使是最充分的理性论据，也会经常无法规劝人们。理性并不总是会有心理上的效果，它的作用在于帮助我们接近真理。

The Edge of Reason

A Rational Skeptic in an Irrational World

第 2 章 科学必然是理性的吗

在确定一个科学解释是不是真理时，证据本身从来都不是决定性因素。

1999 年，在一次大型的量子物理学国际会议上，90 多位来自世界各地的顶尖物理学家就他们支持哪种量子理论的解释接受了调查。他们并未取得一致意见：四个人把票投给了著名的“哥本哈根解释”（Copenhagen Interpretation），30 多人支持“多世界解释”（Many World Interpretation），还有 50 多人选择了“不认同上述解释”或“弃权”。这种对量子力学认识上的分歧并不稀奇，甚至在涉及该领域的基础问题时亦是如此：在另一项针对 33 位与会代表的调查中，在“物理对象是否在测量之前就有明确定义的属性及其是否独立于测量”这个问题上的分歧差不多是势均力敌的。

这种明显分歧的存在与仅仅依据证据而不给意见分歧留有余地的科学方法的设想是相冲突的。或许我们可以通过下述认识消除疑虑：量子物理学是非同寻常的，而且当科学处在前沿时，不同的理论是可以共存和相互竞争的。我们可以合理地期盼，随着时间的推移，当证据变得更加清晰时，物理学家们会达成一致。

诚然，物理学的当前状况并不与下述观点相矛盾：即科学在时间上是趋向于真理的。但是，如果我们看看在科学争论中，趋同的过程是如何发生的，我们就会发现一些非常重要的东西，不仅仅关于科学是如何运作的，还关于所有好的推理是如何展开的。我们所看到的是，科学理性不会而且永远不可能摆脱无序、不精确和难以证明的个人判断。

这与声称科学只不过是提供“叙述材料”（意思是每份叙述材料与其他竞争性材料相比并无更大的合理性）有所不同。例如，如果与宇宙起源有关的科学记录和《圣经》记录出现分歧，那么科学应当会占据上风。我的中心思想不是贬低科学或轻视科学发现，而是推动对科学规律实事求是的理解。

这一点很重要，因为科学经常被展示为人类理性的顶峰和范式：如果我们希望了解思考的过程，那我们就应当努力模仿科学家的思维方式。这种过分简单化的观点在某种程度上是被误导的，因为并不是所有的问题都是科学问题，所以试图用科学的方法修复它们，与试图用牙医钻头钻探石油一样，都是毫无意义的（我将在第 8 章中对此进行详述）。

我之所以挑选出科学理性加以阐述，是因为这还涉及另外一个重大问题，即人们经常假定存在一个特殊形式的科学推理过程。这个过程排除了所有个人判断中的混乱和令人不满意的元素，因为它们会显著影响其他推理过程。我认为大多数科学家都知道这种假定不合理。不过，他们不情愿过于公开承认这种态度，因为他们担忧这将鼓励那些坏心肠的傻瓜，后者渴望否认与其他命题相比，科学命题具有特殊的要求。我的目标是向世人展示，承认科学判断的作用绝不会破坏科学的根基，但它的确需要我们重新思考如何假定理性的运行规律。

科学理论一定与事实相符吗

科学常识认为理论是由证据决定的。如果现在有两个相互矛盾的论点，那么胜出的一方将是最符合事实的那个。然而，有具体的历史例证显示，这种做法起码存在过于简单化的嫌疑。

我们以哥白尼提出的行星围绕太阳旋转的模型为例。我们现在可以清楚地判断出它优于托勒密的地心系统，但直到开普勒发现了行星椭圆轨道，前述模型才更为准确。换句话说，观察数据与托勒密和哥白尼的理论都非常吻合。然而，这并不意味着在开普勒之前，在这两个相互矛盾的理论之中选择哪一个是无所谓的事情，它只是告诉我们哥白尼理论的优越性并不在于它与观察数据更匹配。我们总是更倾向于归因于其他因素——主要是那些更简洁、更经济的解释（我们很快就将详述）。证据本身并非决定性因素。因为从证据的角度说，这两个理论都是欠定的，也就是说，现有证据不足以建立起支持任意一方的真理。

我们举一个更近一些的例子：量子物理学中相互矛盾的薛定谔理论和海森堡理论。正如科学作家曼吉特・库马尔（Manjit Kumar）所评论的那样，这两个理论“从形式上和内容上看是那么不同，其中一个使用了波动方程，而另一个用的是矩阵代数；一个描述了波的特性，而另一个描述的是粒子的特性。”另外，它们不仅都与数据相匹配，还“在数学上具有相同的意义”。换句话说，无论是从证据还是从数学的角度来说，它们都是欠定的。

科学家从观察数据中不可避免地流露出来的对理论的过度自信，可能会导致其忽视其他可能性。例如，物理学家约翰·贝尔（John Bell）在 1952 年偶然看到戴维·玻姆（David Bohm）提出的导航波理论后，发现了一个可以替代当时风头正劲的哥本哈根解释的可行选择。哥本哈根解释在被提出时，它的理论结论仿佛具有磐石般的观察数据基础。但贝尔认为，实际情况是，哥本哈根解释的“模糊性、主观性和非决定论并不是通过实验数据，而是通过故意的理论选择强加给我们的”。

这些情况或许可以假定为一般规则的历史意外，但按照“证据对理论的欠定”这一论点，在确定一个科学解释是不是真理时，证据本身从来都不是决定性因素。今天，这一想法与迪昂 – 奎因论点（Duhem-Quine Thesis）存在密切联系。皮埃尔·迪昂（Pierre Duhem）是法国的一位物理学家和科学哲学家，他在自己 1914 年出版的《物理学理论的目的和结构》（*The Aim and Structure of Physical Theory*）一书中阐述了科学领域存在的各种欠定问题。威拉德·冯·奥曼·奎因（W. V. O. Quine）在 20 世纪下半叶发展并扩充了这些思想，认为欠定问题适用于各种形式的人类知识——不仅仅局限于科学领域。

然而，欠定的一般概念在迪昂 – 奎因论点形成之前便已出现了。例如，约翰·斯图尔特·密尔在《逻辑体系》（*A System of Logic*）一书中写道：“‘假设’不应当被认为是正确的，因为它所解释的都是已知现象，而且有时两个存在冲突的假设都可以相当完美地实现。”他认为所有“处在不同清醒程度的思想者”都会相信这一点。虽然这种情况只在某些情形下是显而易见的，但有一点似乎很清楚，那就是密尔相信它永远是真实的，而且只有当缺乏对其他可能性的想象力时，我们才不太容易看到这种状况。“也许有上千种可能的假设，”他写道，“但对于那些我们缺乏类似体验的假设，我们的大脑不适合去想象。”

不过，我们却完全可以构思各种稀奇古怪的，甚至与最简单的观察数据完全一致的理论。笛卡尔在承认他的体验与他被一个恶魔彻底欺骗的可能性是完全一致时，就是这样做的。尼克·博斯特罗姆（Nick Bostrom）更是在最近提出，我们不仅是有可能生活在一个计算机模拟的世界里，而且是很有可能。

科学家们通常对迪昂–奎因论点及其相关思想不屑一顾。事实上，尽管如此，他们还是声称，通常只有一个可信的理论（不只有哥白尼、托勒密、薛定谔和海森堡的理论）能匹配观察数据，由哲学家们创造出来的在逻辑上可能的替代选项是不切题的，但这种理解并未抓住要领。欠定论点的价值并不在于为最强有力和经过检验的科学解释提供所有替代选项，而在于它可以拨开迷雾，甚至在证据明显支持一种理论而不是另一种理论时，在证据要求我们得出的结论和我们实际所下的结论之间，无论多小，总是保留一定的余地。

我们在日常交流中，有时会诉诸"理性"来解决分歧，科学家们有时也会这么做。例如，尼尔斯·玻尔（Niels Bohr）在与爱因斯坦展开辩论时，经论证得出结论：在一个灯箱造型的假想设备中，你不可能在测量一个光子能量的同时记录下它逃逸的时间。考虑到当时只有少之又少的非物理学家能够自称理解其中的原因，对于玻尔而言，这是一个关键的胜利。不过，爱因斯坦并不信服。1930 年，当他在莱顿大学的课堂上讲授这个思想实验时，他说："我知道，这件事没有矛盾，但在我看来，它包含某种非理性（unreasonableness）。"这个词是经过精心选择的，因为我们在此类情况下确实会用到我们的理性。但这部分理性属于某种形式的判断，而后者不单单被理性或证据需要。在爱因斯坦看来，某种东西是错误的，然而他挑不出数据的错误或玻尔根据数据所做推论的错误。

在这个案例中，可能仅仅因为爱因斯坦太顽固了，或者玻尔的论证过程根本不存在非理性的内容。尽管如此，在很多情况下，我们都是在非理性的基础上而非显而易见的缺陷之上去否认一个理论的。例如，我们确实非理性地相信地球是宇宙的中心，但并不是观察数据导致这样一项假设不可能成立。这就是为什么依然会有非常睿智的人成为年轻地球创造论者。他们能让自己的信念符合数据，因为他们已经准备好接受某些使这种假设成为可能的、虽费解但一致的论据。在反驳这类人时，常规的做法是首先努力证明他们拒绝接受事实。但如果这些创造论者非常聪明，那你的反驳通常会以得到一些非理性的、稀奇古怪的、难以置信的和费解的答复而告终。

我们以发生在“科学小子”比尔·奈（Bill Nye）和创造论者肯·哈姆（Ken Ham）之间的辩论为例。奈将哈姆对诺亚方舟如何可以搭载 14 000 人的解释描述为“坦率的……离奇的”，而且认为哈姆关于所有动物在登上方舟前都是素食者的断言也是“非常引人注目的”。奈还反对“对物质进行放射性年龄测试不可靠”的说法，并声称：“在我看来，世界万物直到四千年前才发生改变的说法本身就是非理性的。”至于当有人声称诺亚本应当建造仅供七位家庭成员乘坐的方舟时，他再次说道：“在我看来，这就是非理性的问题。”总而言之，他认为有关进化的解释“更理性一些”。

当像奈这样的人使用上述措辞时，不能因此认为他们对理性不再抱有希望以至恶语中伤。相反，它说明理性并不只是依赖逻辑和证据，其还依赖各种形式的判断，而这些判断只能依靠这样那样令人沮丧的模糊用语。奈是对的，哈姆的断言是非理性的，但没有严格的规则能让我们将此类论据从那些理性的论据中区分出来。我们需要求助于我们的判断。

在后面的章节（尤其是第 3 章和第 6 章）里，我们将更为深入地探讨这种判断。但在此处，我们只需指出它是存在的以及科学推理离不开它便足够了。

科学方法绝对“以事实为依据”吗

生物学家刘易斯·沃尔珀特（Lewis Wolpert）曾经写道：“有人认为存在一个放之四海而皆准的科学方法，这样的说法很值得怀疑。”沃尔珀特在对科学哲学口诛笔伐时言辞激昂，他说这门学科“与什么都不相干”。他似乎过于直率了，但他的很多（或许是绝大多数）脾气温和的同僚却赞同他的基本主张，即没有人“能为探索科学提供一个公式或一系列的科学方法”。当然这并不是说对于如何搞好科学研究，科学家们只能保持沉默。很多著名的科学家提出过很多建议，其中沃尔珀特便给出了以下忠告：

> 勇于尝试；做让你的思想产生飞跃的事；胸怀宽广；即使机会渺茫，也要勇于开拓；挑战期望；寻找悖论；不必太认真，也许会有意料之外的事情发生，但思想过于散漫，也会把事情搞得一团糟；彻底改变思路；除非你能猜到结果，否则决不要试图解决一个问题；精确是想象力的催化剂；追求简单；追求美。

尽管如此，很重要的一点是承认“没有一种方法、一种范式可以抓住科学的过程，绝对没有这样的科学方法”。尽管最著名的科学哲学家们试图将科学方法编纂成法典，但还有更多的人对这种做法是否可行抱持和沃尔珀特一样的怀疑态度。例如，蒂姆·乐文思（Tim Lewens）说道：“尽管我们有无数的科学方法……（但）当我们试图准确描述某些研究的秘诀（即所有成功的科学所共同拥有的东西）时，我们却经常遇到麻烦。”

然而，仅仅把科学方法的谬见始终未解强加在少数哲学家头上是错误的。科学家们通过记录他们的发现来掩盖发现过程中真正的混乱，从而帮助制造出一种错误印象——其所使用的方法是有规律、有秩序的。1994 年，生物学家彼得·梅达瓦（Peter Medawar）在接受 BBC 采访时说过这样一番话：“一篇撰写规范的科学论文也有可能将科学思想的本质具体化为一个完全错误甚至歪曲的概念。”研究报告显示，科学家工作时应该采用一种条理清楚的归纳方法，观察实验过程并从中得出一般性结论，但实际情况要混乱得多。“假设源自猜测和灵感，”梅达瓦说道，“源自心理学主题的形成过程，当然与逻辑无关……很显然，很多科学家羞于承认假设来自他们的思想和神秘的异想天开的想法，以及他们充满想象力和灵感的性格。但事实上，他们是理性的冒险者，不应当感到羞耻。”

这种思维过程比一个得到广泛认同的事实深刻得多，即科学的进步是受科学社会学影响的，而仅仅对方法进行描述并不能说明这一点。我们都知道，科学进步会受到各种偶然性的影响，例如，科研经费的分配方向或者某个特定职位指定的负责人是谁，以及这个职位并不总是完全根据能力安排的，等等。例如，大名鼎鼎的爱因斯坦即使在发表了好几篇物理学史上最重要的论文之后，他的好几份求职信还是遭到了拒绝，只因他还没拿下博士学位。托马斯·杨（Thomas Young）的思想被否认得更彻底，时间更久，只因它们与当时不容置疑的牛顿的思想相矛盾，导致杨在谈到这位科学巨擘时留下了这样的评语：“或许，他的权威有时会妨碍科学的进步。”思想的对决可能更多地根植于偏见和习惯之中，而不是源自对科学事实的尊重。马克斯·普朗克（Max Planck）曾经说过一句非常著名的话：“一条新的科学真理能够胜出，不是由于说服了对手并使其恍然大悟，而是由于它的对手最终会逐渐消亡，以及熟悉这条科学真理的新一代会逐渐成长起来”。

人们可能会乐观地承认个人和社会因素有可能会干扰科学方法，但会坚持认为方法本身依然是完全客观的，并且可以用有条理的逻辑术语来解释。人们经常不遵循科学方法这一事实，在本质上并不能构成该方法不客观的一条论据。不过鉴于以下两方面的原因，这种辩护并不是很充分。

第一，如果科学方法只真实存在于理想化的抽象概念中，而实际上从不被科学家遵守，那么它作为人类理性范式的价值便被极大地削弱了。相反，它会变成非人类理性的范式——一种科学家们梦寐以求但永远无法获得的理性。

第二，如果我们审视科学的进程，那我们会发现它似乎并不遵循某种明确的方法，这种方法带有源自文化和心理学的若干缺陷。相反，源自官方版本的纯实验和演绎的怪癖和偏差则深深嵌入科学的进程中。这便是梅达瓦提出的真正具有挑战性的想法。

判断——在此类情形下通常被称为直觉——是科学家工作方式的核心。这种判断在顿悟的特定时刻表现得最为明显。有这样一个非常生动的例子，庞加莱曾经描述过他是如何认识到二次型与非欧几里得几何的相关表述是相同的：

> 我将注意力转移到了对若干数学问题的研究之中，这些问题显然还未取得很大的成果，而且与我先前的研究没有一丁点的联系，我对自己的失败感到非常烦躁，于是我到海边住了几天，并有了新的想法。一天早上，正当我在断崖上散步时，这个想法再次浮现在我眼前，还是完全相同的特征——简洁、意外、明确，我曾用来定义富克斯函数的变化式与非欧几里得几何中的变化式是相同的。

其实此类顿悟时刻并无神秘可言。“各种突然出现的有关科学解释的例子，都是以长期密集的、有意识的研究为前提的，”沃尔珀特补充道，“爱因斯坦曾经指出，科学家的直觉建立在可以被视为可靠的和重要的技术理解力的基础之上。”当然，在灵光乍现之后，需要紧接着进行仔细的检查、数学计算和实验测试，等等。正如梅达瓦所指出的那样，发现和证据是两件不同的事情。问题在于描述科学方法的尝试令他们感到困惑。因此，如果我们不承认在正式的计算和校验之前会存在清晰瞬间（它们可能全部源自一个突发事件，事先没有即刻的、有意识的思考）这一事实，我们便会扭曲科学推理的真正本质。理性不仅拥有系统性的和有意识的层面，也拥有未知的和无意识的层面。假装它只涉及第一个层面将无法把理论与观察统一起来。

理论与观察之间的关系本身便是科学方法如何挑战形式化的一个很好的例证。并非一方总是优于另一方。相反，科学家有时会受到理论的点拨，有时会受到观察的引导，而且，就应当给予哪一方更大的权重而言，似乎并不存在一般规律。

沃尔珀特搜集了各种类型的科学家的故事，这些科学家的理论并未由于证据不足而失去公众的信任。例如，在预测行星运动方面，哥白尼的日心说不仅和托勒密的理论几乎一模一样，而且在解释金星的相位时还存在问题。伽利略借助自己发明的望远镜，耗费了半个世纪的心血来解决这些问题。他认为，哥白尼之所以能够成为一个“崇高的智者”，正是由于其在没有决定性数据证明自己的理论之前坚持了自己的信念。“在理性的指导下，”伽利略写道，“他不断肯定似乎与感觉经验相矛盾的东西”。

波义耳遇到了类似的情况。当观察数据与自己的理论相抵触时，波义耳也坚持了自己的理论。他做了一个假设，即在空气中黏在一起的光滑物体到了真空中会分开。他做了 49 次试验都没有成功，但在第 50 次尝试时却成功了。爱因斯坦说：“如果根据广义相对论所做的有关光谱线引力位移的预测无法观察到的话，那么广义相对论是站不住脚的。”他坚信自己的理论是正确的，然而这个预测在他去世后才得到确认。

作为一位科学家，罗伯特・密立根（Robert Millikan）经常因数据不符合自己的想法而拒绝它们。沃尔珀特也透露，只要证伪实验明显不够严谨，他也经常这样做。但这样一来，就可能面临由自我服务偏差带来的危险：科学家可以随意否认那些看起来产生了有问题的矛盾数据的实验，与此同时接受那些产生看起来合理的一致数据的实验。低水平的科学家可能会完全基于这种方便性来做出筛选决定。但无论如何，这些筛选过程都是真实的，而且能够帮助科学家做出适当的判断，这不仅仅是出于自我服务的原因，也是沃尔珀特所谓的“区分平庸科学家和优秀甚至伟大科学家的关键特征”。

还有一些科学家不仅拒绝让相互矛盾的数据贬损他们的理论，甚至明确地说，自己的理论应当（至少是有时）比观察数据更重要。1919 年，亚瑟·爱丁顿（Arthur Eddington）有关日食的观测数据确认了光线的引力弯曲现象。他说："除非已经得到理论验证，否则不要过分相信观测结果，这是一条很好的规则。"普朗克说："毫无疑问，只有不同观察者的数据在大体上保持一致，观察数据和理论之间的冲突才能被确认为有效。"这句话暗示证据必须是压倒性的，才能证明理论是错误的。

爱因斯坦所做的两条迥然不同的评论使理论与观察数据之间的复杂关系被非常清晰地呈现出来。1971 年，海森堡回忆了自己在 1926 年与爱因斯坦首次会面时的情景。爱因斯坦很快便直截了当地说出了自己的想法。"仅仅依靠可观测的数据便试图创立一个理论是相当错误的，"他说道，"事实上情况完全相反，是理论在决定我们会观测到什么。"这与海森堡矩阵力学的思想有非常明确的相关性。"因此，你所引入的可观测数据只不过是对你试图阐明的理论性质的一种假设。"爱因斯坦如是说。海森堡后来承认："我发现他的观点是令人信服的。"

还有一次，1930 年，爱因斯坦在索尔维会议上抱怨说："几乎所有研究人员在做分析判断时都不是从数据到理论，而是从理论到数据的；他们无法使自己从曾经接受的理论系统中解脱出来，而是以一种怪异的方式沉沦其中。"因此，在一些情况下，爱因斯坦认为理论实际上决定了一个人会观察到的东西；与此同时，他也相信过于僵硬地依靠某个理论，会使人们在面对相互矛盾的证据时失去判断力。

此处所谓的矛盾并非实质上的矛盾。相反，它是另一个生动的例子，能够佐证为什么科学方法不能简化到只剩下一个公式，而是始终要求必须使用良好的判断。这种判断是一种经过几十年的实践形成的技能，也就是"phron ē sis"（希腊语，意为"实践智慧"）。科学家们都赞同最终还是"数据为王"。但问题在于，一般情况下，数据并非清晰明了和不受理论的约束，它们不能被明确地用于解决争议。确实如此，一项实验或观察项目是不是决定性的——能够充分解决一个分歧——取决于它本身是不是一个判断。

理论与观察数据之间的关系甚至都不能用一种精确的、规范的形式描述出来。这个事实或许是最具震撼力的证据，它表明虽然科学有自己非常成功的方法，但这些方法并非单一、同质的。相反，虽然大量技巧的价值已经得到证明，但有经验的科学家们在使用这些技巧时还是必须要进行判断的。总体来说，适用于科学推理的方法也能够完全适用于理性判断。尽管存在某些明确且非常成功的推理方法（例如演绎推理和归纳推理），但并没有单一的、同质的推理方法。相反，这其中存在大量的技巧，优秀的推理者必须利用他们的判断决定自己的选择以及如何利用这些选择。

揭开“科学之美”的真面目

为什么科学家们在面对相同的事实时会做出不同的主观判断呢？对于那些希望理性是冷静的和超然的人来讲，事实也许是令人不快的，但半个答案已经跃然纸上了，那就是由于科学家们不同的气质和情感特点。很多熟悉科学领域的人都会马上承认这一点。物理学家阿兰·阿斯佩（Alain Aspect）在《自然》（*Nature*）杂志上撰文对量子物理学不同的、相互矛盾的解释进行了回顾，他认为“一个人做出的、具有哲学意义的结论，与其说是逻辑问题，倒不如说是品味问题”。

在物理学史上，可以证明基本性格和“品味”重要性的例子不胜枚举。库马尔说，我们可以对比一下沃尔夫冈·泡利（Wolfgang Pauli）和马克斯·玻恩（Max Born），“在处理任何物理问题时，泡利都相信自己的身体在寻求逻辑上无瑕疵的论点方面所表现出来的直觉；而玻恩则更坚信数学并依靠数学来寻找解决方案”。类似地，“当海森堡的‘第一停靠港’始终是数学时，玻恩的研究工作‘启航’了，其试图了解数学背后的物理学”。

对此，我们不应当感到奇怪。不同理论有其不同的理论基础，而且没有哪种运算法则会告诉我们哪种理论基础最有可能是决定性的。这意味着不同的科学家首先会被吸引到不同的领域——这至少部分取决于他们最愿意接受哪种理论基础。那些拥有缜密的数学思维的科学家更容易受到数字的吸引，那些更具哲学头脑的人倾向于接受对理论的解释，而实验主义者则更看重实证结果，等等。

而且，不管科学家们的大脑有多么强大，他们通常都会认真感受自己的直觉。例如，薛定谔并不认为科学家们应当挑战自己的本能，他认为物理学家不必“压抑直觉并纠缠于抽象的概念”。正如他本人所言：“我不敢想象电子会像跳蚤一样跳来跳去”，并认为这是一个怀疑它们的活动方式（跳来跳去）的很好的理由。

有时，这些本能反应确实带有非常强烈的情感。例如，库马尔说玻尔“憎恶光量子理论”。如果不是看到这种为数不少的事实，我们或许会怀疑这种极端的情感仅仅是传记作家的想象力随性发挥的产物。海森堡甚至使用了更激烈的言辞：“我越思考薛定谔理论中有关物理学的部分，就越觉得它极其令人厌恶。”

语言通常较少出自本能，但依然指向感性而不是理性。例如，如果仅就哥本哈根关于量子物理学解释冒犯了爱因斯坦对判断事物正确与否的直观感受而言，爱因斯坦对它们的质疑通常是不无道理的。在写给玻尔的一封信中，爱因斯坦在开头写下了一句最著名的话：“无论如何，我相信祂（上帝）不会掷骰子。”他接着说：“量子力学固然令人印象深刻，但内在的声音告诉我，这不是事实。”在此，我所引用的文字大多来自辩论和信件，在这两种情形下，人们通常会对自己如何真正做决定表现出坦率的态度。没有哪位科学家会在一篇论文中基于“内在的声音”去说一个主张是正确的，并为其辩护，但事实上，此类“内在的声音”确实在起作用——帮助形成结论。它们从未正式获得过承认，但这并不意味着它们是不真实的和不重要的。

爱因斯坦的另一个评论特别具有启迪作用。他曾经说：“我发现有一个观点让我简直无法忍受，其声称一个被辐射的电子不管是在跃迁的瞬间还是在跃迁的方向上都应当选择遵从自己的意愿。如果是这样的话，那我宁愿当一个补鞋匠，甚至是赌场上的雇员，也不愿做一位科学家。”爱因斯坦的反对意见的基础并不是他发现这个观点不连贯、前后矛盾或者没有充分的证据基础，而仅仅是其“无法忍受”。他的评论很有趣，以至于我们觉得他对物理学的首要奉献并不是对真理的奉献。似乎他对物理学的热爱与这样一个事实紧密相连：他相信物理学能给我们对世界的理解带来规律与和谐，换句话说，给我们带来秩序。如果不是这样，那还不如做个鞋匠来得惬意。

在这方面，爱因斯坦并不孤独。庞加莱曾写过一段很不寻常的文字，值得在此完整引用，他解释了为什么说科学最吸引人的地方是科学之美，而不是科学所蕴含的真理：

> 科学家不是因为自然对人类有用才去研究它的；他们之所以研究它是因为喜欢它，而喜欢它是因为它美丽。如果它不美丽，那它就不值得去了解，而如果自然不值得去了解，那生活的意义也就不复存在了……因此，正是这种对特殊之美和宇宙和谐的求索促使我们选择最合适的方式去促进这种和谐感，就像艺术家从自己模特的众多特征中选择那些令画面趋于完美并赋予其性格和生命的特征……而且正是因为简洁、庄严是美丽的，我们才愿意寻找简单的、令人崇敬的事实，才能愉悦地去追寻日月星辰华丽的轨迹，才会用显微镜去探索同样奇妙和壮观的微观世界，才会去寻找由于年代久远而充满魅力的地质时间的历史痕迹。

在科学历史的长河中，我们反复看到，对一种新理论的最初的积极反应是惊叹于它的美。爱因斯坦就多次用唯美的语言赞颂了科学的进步。他将玻尔在1922年发表的一篇有关原子结构的论文描述为“思想领域最高形式的乐感”。当看到自己的相对论预测到了水星的运行轨道时，他颇为动情地说："理论之美无与伦比。"他还说道："我们唯一心甘情愿接受的物理学理论就是那些美丽的理论。"人类对理论之美的追求是如此之高，以至于诺贝尔奖获得者弗兰克·维尔泽克（Frank Wilczek）在自己名为《一个美丽的诉求：探索大自然的鬼斧神工》（*A Beautiful Question: Finding Nature's Deep Design*）的著作中这样写道："当我们发展我们的理论时，我们相信美的力量。"

科学家之外的人士在谈论理论之美时有时会遇到困惑。一般而言，当理论成为简洁与非凡的解释力的结合体时，总会给人带来美感。例如，分子科学家阿什托什·乔加莱卡尔（Ashutosh Jogalekar）便认为狄拉克方程非常美丽，因为"它的简洁、明晰的符号不仅可以写在一张餐巾纸上，还能解释无数现象"。当然，"简洁"是一种相对的说法。对于像我这样的科学门外汉而言，下面这个方程式毫无简单可言：

$$\left(\beta mc^2+\sum_{k=1}^{3}\alpha_k p_k c\right)\psi(\mathbf{x},t)=i\hbar\frac{\partial\psi(\mathbf{x},t)}{\partial t}$$

然而，即使是像我们这样看这个方程式如同看天书的人也可以领会到，一个如此简洁的方程式竟然将量子力学和相对论整合到了一起，甚至还完美地解决了自旋问题。

不过，尽管我们可以说，确实存在某些可以感觉到的事物使科学理论像艺术一样美，但并没有统一的标准，永恒之美似乎只存在于旁观者的眼中。保罗·狄拉克（Paul Dirac）声称："令美丽融入方程式中，比令方程式与实验吻合更为重要。"但他承认数学之美"是一种无法定义的品质，高于可以定义的艺术之美，那些研究数学的人通常能够很容易欣赏它"。这使得美作为价值的衡量标尺多少有些无用，因为不同的裁判有不同的审美观，而且也没有统一的评判标准。乔加莱卡尔进一步指出："简单的化学方程式虽然看上去美丽，但有粗略和有限的味道"，而"复杂的方程式可能看上去丑陋，但却具有普遍性——能够令答案精确到小数点后六位。"现在问题来了，在你的心目中，哪一种方程式更"美丽"呢?

更重要的是，虽然有很多极具美感的得到证实的科学理论例子，但还有很多科学家似乎仅仅沉醉于某些理论带来的美感中，而不是去证明其合理性。正如乔治·埃利斯（George Ellis）和乔·西尔克（Joe Silk）所指出的那样："实验证实，很多美丽且简单的理论都是错误的，从稳态宇宙生成论到旨在将电弱力和电强力统一起来的粒子物理学 SU（5）大统一理论。"科学作家菲利普·鲍尔（Philip Ball）还举了一些相反的例子，例如安德鲁·怀尔斯（Andrew Wiles）对费马大定理的证明。"基本定理非常简单且精致，"鲍尔说道，"但他的证明则与之相反——长达 100 页而且比蓬皮杜艺术中心还复杂。"

根据"美丽的理论更有可能正确"这一倾向，人们通常认为，美丽理论的优势可以通过科学的语言来证明，但前述例证让人们对这一倾向产生了怀疑。假如其他因素都相同，区分两个理论的标准只有美，那我们也许会接受这个标准。然而，很多人还是相信所有正确的理论都是美丽的，"丑陋"的理论暗示存在大漏洞。

正如我们已经看到的，科学之美其中的一个要素就是存在普遍漏洞的简单法则。南希·卡特赖特（Nancy Cartwright）将其称为"宗教激进主义者的理念"，即如果一项法则为真，那么它便是"普遍的"和"普适并主宰所有领域的"。她认为，我们没有合适的理由来假设这项法则为真。相反，她提出了"形而上学律则多元论"（metaphysical nomological pluralism），其核心思想是"自然界在不同领域受不同法则体系的支配，但未必会与一种系统化的或统一的方式相关"。"法则必须普遍适用"这一理念似乎是一种简单而有力的审美倾向，这种倾向在本质上是完全基于气质的。

我们不难发现，科学家们和所有知识分子一样，都会受到自身气质和个人喜好的影响。正如我们将在第 4 章中看到的，哲学家们在这方面也无任何独特之处。人类的心理是极为复杂的，而且卓越经常会与某些特殊的甚至在某种程度上异常的性格类型相伴。例如，一项针对参与阿波罗登月计划的科学家的研究发现，创造力的水平越高，抗拒变革的心理就越重。这似乎有些奇怪，因为创造力意味着“开放”，而抗拒变革则是一种“封闭”。然而，在科学领域，这两者的结合似乎是有帮助的：对新的可能性持开放态度，但在其他人感到沮丧或怀疑的时候，却能够“封闭”地去追求这些可能性。无论这一解释是否圆满，我们现在都不应当惊讶，所有参与阿波罗登月计划的科学家都认为“那些客观的、毫无私心的科学家的见解是天真的”，因为科学家们并非冷血动物，他们很显然会经常受到自己希望什么为真以及证据暗示什么为真的影响。

科学的杂质

尽管我赞成刘易斯・沃尔珀特对科学方法的怀疑主义态度并且援引了他的论断，但我还是认为他在轻视哲学对科学的重要性时遗漏了一些东西。他曾经说过：“说到科学，在卡尔・波普尔（Karl Popper）或任何其他科学哲学的认识论中找不到任何与之相关的内容。我从未听说过哪位科学家对科学哲学抱有哪怕一丝的兴趣……不管怎么说，即使没有任何哲学参与，科学也能发展得很好。”

然而，他对确定的科学方法非常抵触，因为其不仅不能使科学完全摆脱哲学，反而把科学中的杂质暴露了出来。事实证明，科学的验证与发展并不仅靠设备和算法，它还需要判断以及与之相伴的解释。当涉及科学事业自身的本质时，没有比判断更为清晰的工具了。科学是对物质世界的准确描述，还仅仅是帮助我们理解它的工具呢？

科学家们在这方面的意见并不统一。马克斯・普朗克说：“我一直把寻找绝对真理作为所有科学活动最崇高的目标。”因此，当他提出对维恩定律进行改进时，他认为，除非它能够“用真正的物理意义诠释所研究的工作”，否则就仅仅具有“形式上的意义”。爱因斯坦也有类似的追求，他说：“我们所谓的科学，唯一的目的就是确定事实的真相。”

另一方面，玻尔则完全拒绝这种科学实在论。“并没有什么量子世界，只有抽象的量子力学描述，”他说道，“有人认为物理学的任务是发现事物的本质，但这种想法是错误的。物理学关注的是我们如何解释事物的本质。”沃尔珀特倾向于认为这些哲学意义上的差别并不重要，但事实上正是它们深刻影响了所有大科学家的科研工作。类似这样的分歧强化了有关量子物理学持续到今天的巨大分歧。

我们说科学“不纯洁”并不是在诋毁它。我们也不应当低估数据和实验在确定科学真理的长期实践中所发挥的巨大作用。数学和物理学在这方面还是比较幸运的。因为在其他几乎所有人类探索的领域里，实在不太可能基于足够肯定或足够精确的数据，得出一个所有知识渊博、聪明睿智的观察者都认为正确的解释。科学的成功不应使我们相信它提供了满足所有推理的模型，相反，科学领域是一个特别有利于理性发挥作用的领域。

虽然我们不应当削弱科学所取得的成功，但反击不现实的和误导性的科学想象确实非常重要，因为有些科学项目在计划时并未考虑人的判断、性格、偏好和个性所起的作用。总体来说，这也是一种不现实的理性反映。这种错误的观念会导致出现这样的结果：人们投向理性的非算法层面的目光，经常会被看作对理性的攻击。相反，这种非算法层面应当成为一种防御措施。我们需要一种所谓的更为广泛的理性概念，它包括所有当我们只专注于严格意义上的形式主义和经验主义理性时被抛弃的元素。在此，我们需要将概念的核心让位给判断。到目前为止，我们已经了解了为什么我们要这样做，在接下来的章节里，我将把关注的重点放在我们如何精确地判断上。

科学家并非冷冰冰的计算机，而是有着不同偏好、性格、技能和脾气秉性的人，如果有人对此感到震惊的话，那想必他们也会对人们是如何思考的抱有非常奇怪的想法。科学确实是最卓越的理性追求。但如果我们假设科学不具备复杂的甚至有些凌乱的成分，那必将违背理性的概念。

本章小结

欠定论点的价值并不在于为最强有力和经过检验的科学解释提供所有替代选项，而在于它可以拨开迷雾，甚至在证据明显支持一种理论而不是另一种理论时，在证据要求我们得出的结论和我们实际所下的结论之间，无论多小，总是保留一定的余地。

尽管我们有无数的科学方法……（但）当我们试图准确描述某些研究的秘诀（即所有成功的科学所共同拥有的东西）时，我们却经常遇到麻烦。

很显然，很多科学家羞于承认假设来自他们的思想和神秘的异想天开的想法，以及他们充满想象力和灵感的性格。但事实上，他们是理性的冒险者，不应当感到羞耻。

思想的对决可能更多地根植于偏见和习惯之中，而不是源自对科学事实的尊重。

判断——在此类情形下通常被称为直觉——是科学家工作方式的核心。这种判断在顿悟的特定时刻表现得最为明显。

假如其他因素都相同，区分两个理论的标准只有美，那我们也许会接受这个标准。然而，很多人还是相信所有正确的理论都是美丽的，“丑陋”的理论暗示存在大漏洞。

事实证明，科学的验证与发展并不仅靠设备和算法，它还需要判断以及与之相伴的解释。当涉及科学事业自身的本质时，没有比判断更为清晰的工具了。

虽然我们不应当削弱科学所取得的成功，但反击不现实的和误导性的科学想象确实非常重要，因为有些科学项目在计划时并未考虑人的判断、性格、偏好和个性所起的作用。

The Edge of Reason
A Rational Skeptic in an Irrational World

第 3 章
理性可以远离判断吗

真正优秀的哲学思维需要的不只是犀利的头脑，还有所谓的敏锐的头脑——哲学意义上的敏感性或洞察力。我将其称为判断。

到目前为止，我们对理性在宗教和科学探索方面所扮演的角色的探讨，已经在某种程度上解释了为什么理性不能做出中性的、客观的以及决定性的判断——在论据之间做出裁定。因为理性本身并不具有这种能力。从根本上讲，推理者必须为自己做一些判断，并回答类似下面的问题：这些信念是真正基本的信念吗？这组信念的连贯性比其他信念更好吗？这种充满矛盾的推论会是有害的吗，还是说它现在就必须作为一种未解之谜而被接受呢？理性为我们提供了工具，帮助我们去确定此类问题的答案，但它没有提供任何类似于算法的东西来让我们放弃这种决定。

我们已经看到了若干我们必须这样做的理由。在本章中，我会解释最基本的理由，即为什么个体的判断在原则上永远不能从理性中清除。不过在此之前，我希望大致解释一下这种判断的作用一直未能得到更为广泛的承认的原因。

判断：哲学的脏秘密

英美分析哲学——我所受教育的传统背景——对自己在论证时坚持逻辑和精确感到非常自豪。然而，大多数哲学家知道，比较聪明的（甚至实际上非常聪明的）哲学家和真正优秀的哲学家之间是存在区别的。比较聪明的哲学家可以立刻将论据转化为数理逻辑，远远地指出一个无效推论，并挖掘同僚论文中的任何缺陷，然后将其批判得体无完肤。这样的思想者经常能够迅速找到工作、获得晋升并被吹捧为“闪亮的后起之秀”。然而待他们退休的时候，这些哲学家却在自己的领域内毫无建树。他们创造的只有学识上的浮华，他们从未真正深入到一场重要的辩论中或留下什么有力和不朽的评论。

真正优秀的哲学思维需要的不只是犀利的头脑，还有所谓的敏锐的头脑——哲学意义上的敏感性或洞察力。我将其称为判断，不过我的定义稍稍有些冗长：判断是一种需要得出结论或形成理论的认知官能，它的真实或虚假不能仅仅由事实和/或逻辑来决定。有关这个定义的例子不胜枚举，但或许最清楚的例证来自道德哲学。

功利主义的道德观要求我们所做的事情能够为绝大多数人带来最佳的整体结果。功利主义的形式不计其数，但多数都要求我们做那些最能减少人类痛苦的事情。比如，人们常常认为，某些地区对来自富裕国家的捐赠需求非常强烈，要求它们捐得更多。在彼得·辛格（Peter Singer）看来，这种要求是极为沉重的：“我们应当给予，直到我们达到边际效用的水平——在这种水平上，我给自己或我的家人带来的痛苦，与我通过捐赠减轻的痛苦一样多。”这种明显极端的要求背后的逻辑很简单：如果你衣食无忧且买得起一栋体面的房子，那么你以“奢侈品”（非必需品）的名义额外花出去的每一块钱，如果是花在赤贫人士的身上，将更有利于减少人类的痛苦。所以，我们实际上是在被迫过一种尽可能清贫的生活，以便我们的财富尽可能用于改善更多人的生活。

在此，值得注意的是，大多数功利主义的支持者和批评者都承认论证的逻辑性。但为什么同一个论证既能用于支持一个立场，又能用于反对它呢？这是因为，当一个有效论证拥有一个强有力的反直觉结论时，我们通常有两个选择。我们可以说这个论证强有力地证明了常识或其他被公认正确的看法，也可以说它表明我们得出这个结论的前提一定有问题。在这种情况下，我们就面临两个选择：一方面是说这种功利主义是对传统道德的一次意义深远的挑战；另一方面是说因为接受功利主义在逻辑上对我们提出了不可能的要求，所以功利主义必定是错误的。

后一种形式的论证即是著名的归谬法（Reductio ad absurdum）。归谬法的逻辑源自这样一个事实：如果你基于真实的前提构建了一个有效论证——其中的每一个步骤在逻辑上都源自前一个步骤——那么这个论证的结论必定是正确的。因此，如果你有一个有效论证，而结论是错误的，那你便知道你的前提肯定存在错误——尤其是当结论明显错误的时候。但正如这种论证方式的名字所暗示的那样，在很多情况下，结论仅仅是“荒谬的”。我们从很多犯罪影片中知道，当犯罪嫌疑人声称办案人员荒谬的时候，那些看似荒谬的结论往往最终被证明是正确的。荒谬通常只存在于旁观者的心里。

所以，在功利主义及很多其他思潮面前，我们往往面临一种选择：要么接受论证是一种反证，要么忍痛接受其难以置信的结论。正如戴维·查尔默斯（David Chalmers）所描述的那样，问题在于我们经常“沮丧地发现对手竟然忍痛接受了……而且并没有将其看作自己失败的象征”。这也许需要做出某种令人惊讶的牺牲，“但做出这些牺牲并不是很困难”。其结果是，“哲学意义上的论据通常不会导致意见的一致，而只会导致分歧的复杂”。

不管我们是忍痛接受还是承受打击，很显然，我们的选择已经超出逻辑或事实所要求的程度。确实，在这样一个论证过程中，人们经常会做的事情就是，判断论证的逻辑是否比它的结论试图否认的事实更有说服力。从这层意义上讲，人们会超出事实和 / 或逻辑要求的限度，因为它们似乎正在要求不同的事物。

哲学也充满了类似的选择，即接受一个论点是合乎情理的还是将其用作反证。伯特兰・罗素的传记作者雷・蒙克（Ray Monk）描述了一段罗素的轶事：

> 罗素发展了某种意义上的因果论，但他受到了布雷思韦特的挑战。布雷思韦特问他：“如果因果论为真，那为什么当我看到一头奶牛时，我没有不由自主地说出‘奶牛’这个词呢？”罗素回答道：“我并不清楚你的情况，但当我看到一头奶牛时，我的喉头处便会感受到本能的运动。”这就是罗素风格的一个特点，他愿意接受荒谬性，因为论据似乎正把他往那里引，而且他认为拒绝常识是一种美德。

当然，如果罗素不是这样的人，那他有可能会跳到另一个思路上。“这是一个合乎情理的论点，还是一个反证，将取决于该结论如何明显不可接受。”蒙克说道，而且“人们会根据自己的观点做出不同的选择”。

当仅靠逻辑算法无法确定最佳答案时，我们需要自己来判断一个论点是否正确和是不是反例，这就是良好思维所需要的判断的一个例子。当然，这个判断是通过其他论据和事实做出的。但一个人可能首先需要做一位极为乐观的理性主义者，才能认为那些论据和事实可以解决这件事，并相信，（像我所定义的那样）已经没有判断可以发挥作用的空间了。

因此，判断并不是某种附加的“X 因素”，与健全的逻辑相结合就能产生好的哲学——它在本质上属于哲学过程的一部分。问题在于，尽管这个事实有时会得到认可，但人们对此基本不予重视，而且它对我们如何看待哲学课题的影响也极少被提及，至少在正式的文献中看不到。不过，在访谈或探讨的环境下，我经常会发现，为了创造良好、有趣的哲学理念，哲学家们还是会乐于承认自己必须有不能被归结为机械逻辑计算的“洞察力”或“判断力”。例如，作为首屈一指的分析哲学家，迈克尔·马丁（Michael Martin）非常赞同呈现清晰、有效的论据的重要性。“但对需要阐明的论点，你必须持有适当的假定——这个假定似乎具有直观吸引力，或者在某些方面能够恰当地表现我们是如何领悟这个世界的。这就是实际工作的方向，也是工作的难点，”他说道，“我无法为你描述这样一台图灵机，它能够帮你从众多糟糕的哲学理念中分类整理出优秀的部分。”马丁当然是正确的，但“直观吸引力”几乎从未被列入教材中或课堂上有关哲学推理的优秀论据的重要属性中。

雷·蒙克的观点与马丁的观点非常相似：“伟大的哲学家是那些拥有洞察力的人，也就是那些能够深刻理解某件重要事情的人。”他说道：

> 谁会读尼采、维特根斯坦和克尔凯郭尔这些人的著作，并它们当作一种命题演算，然后说某个论点获得了通过或未获得通过呢？它们一定是极度枯燥无味且不得要领的。在以我们的方式培养学生时会遇到的问题是，我们会鼓励他们关注某个论点是有效的还是无效的，但并不过分鼓励他们关注这个论点是否有趣。

当然，实际上并不存在决定某件事是否“有趣”的算法。

普特南认为，即使只是为了弄清楚我们正在说什么，我们也需要行使判断的权力——“在特定的场合，我们所说的单词或句子的意思，往往是对什么是最合理的理解的判断。”

“直观吸引力”“有趣”“合乎情理”……这些词很少能与“有效”“合理”或“可论证”等相提并论，然而，如果你想学好哲学，那这些良好判断的要素至少是同等重要的。虽然哲学在系统化和发展好的论证和推理标准方面已经取得了很大进步，但在这种良好的判断是由什么构成的，以及承认它的不可或缺性两个方面，却很少有人研究。

对于判断被哲学家“打入冷宫”这一现状，我认为至少有三方面的原因。第一个原因是哲学的逻辑层面中的系统化和形式化可能是判断显然无法做到的。因此，提出有关形式逻辑和论据结构的观点，比对判断的本质提出一些真正的见解要容易得多。

第二个原因涉及哲学的学术化问题。不管是好是坏，纯学术哲学的工作正逐渐向细节研究转移。专业哲学家有发表与出版成果的需求，通过将其所在学科的形式分析技巧应用到已经深入探讨过的问题上，他们就有可能会得出一些满足学术论文原创性要求的东西，从而创造出“学术成果”，以展现其较高的专业水准。因此，哲学的分析性和逻辑性是很重要的，因为它们能保证快速出“成果”——即使这种“成果”索然无味。

第三个原因或许更为重要，那就是判断代表了理性论证无法消除的局限性。因为哲学的目标总是尽可能地追求理性——这是一种不懈的追求，因为我们只能设法减少判断的作用，而不能完全消除它。我们希望哲学能最大限度地减少对判断的依赖，与此同时，我们也清楚没有它，我们将无法开展研究工作。由于我们的论据变得更加理性，并且对依靠判断的少数派形成挤压态势，我们可以通过掩饰或隐藏判断在其中所处的位置来使我们的论据看上去更加理性。因此，判断是哲学的脏秘密。

刻板的逻辑 VS 个性化的判断

到目前为止，根据我所提出的观点，只有当单独的逻辑和证据无法带来毫无争议的结论时，我们才可以认为判断对推理来说是必要的。判断在理性和答案之外为我们带来了额外的空间。但判断所发挥的作用远不止于此。它是推理过程本身固有的一个层面，而不仅仅是推理过程无法解决问题时的一个附属物。

出现这种情况的一个显著原因是大多数推理都不属于演绎推理，而只有演绎推理才能提出不依靠判断的、有表面证据的主张。这是一种可以通过形式逻辑术语表达出来的推理形式。在特定的前提下，演绎的优雅与纯净体现为特定的结论必须遵循与数学证明同样的必然要求。最古老的演绎逻辑体系是三段论，其可以追溯到亚里士多德的时代。三段论逻辑确认了特殊论证的一般形式。下面是一个典型的三段论：

没有人有翅膀；

乔治是一个人；

因此乔治没有翅膀。

这个例子精确地匹配了三段论的形式，其中第一行是一般命题（大前提），第二行是特定命题（小前提），而第三行是由此得出的结论。每个命题都可以是普遍的（“所有”或“根本没有”），也可以是特殊的（“一些”）。逻辑学家研究发现，各种形式的三段论都可以采用并拥有已经确认的 24 种有效变式，这意味着逻辑上的结论是由前提推导出来的。在此类有效论证中，如果前提为真，那结论也一定为真。

上面的例子采取的是下述有效形式：

没有 A 是 B；

所有 C 是 A；

因此没有 C 是 B。

我们可以通过“双重身份”来更加清晰地看到这确实是论证的形式。当一个三段论涉及某个单一实体时——例如“乔治”“巴黎”或“蒙娜丽莎”——它依然适合这种一般命题的形式。所以“乔治”事实上指的是“所有乔治”，意思是虽然不是所有人都叫乔治，但在整个“乔治”类别中，所有人都叫乔治。其他潜在的令人困惑的情况是，我们在论证中使用了动词“有”，而三段论的形式使用的是“是”。这不是问题，因为从逻辑的角度看，“没有人有翅膀”和“没有人是长翅膀的”含义是一样的，前者只是一种更常用的表达方式而已。

三段论是形式逻辑论证最原始的形式。现如今，逻辑学家使用的是形式更为复杂的数理逻辑，后者并不局限于三行文字和类型非常有限的命题。这使得我们可以提出相当复杂的论证文字并检验其有效性。不过其基本原则是相同的：论据按照它们的一般形式得到分析；符号和字符被用来表示术语之间的关系；规则则被建立起来，以确定哪些推论是有效的、哪些推论是无效的。由此产生的逻辑比用自然语言表述的论证更接近数学。在数学中，一旦我们明确了数字和“+”“–”“√”和“θ”等术语的含义并理解了数学公理（已得到证明），一项计算是否正确便成了一个客观事实。同样地，一旦我们理解了类似“¬”“∃”“⇒”和“∀”这样的逻辑运算符号是如何被定义的，并了解了逻辑公理，那一个论证是否合理也成了客观事实。

因此，以一种形式逻辑的形式呈现一个论证的目的可以说是消除判断的作用，并使其客观地决定一个论证是否合理。但这个目标是不可能实现的。判断的影响可以而且应当通过这样一个过程被最小化，但其事实上却存在于这个过程的每个阶段。

首先，我们需要决定哪些公理是正确的。很显然，此类事情是无法通过逻辑体系本身决定的，因为这有可能是一个循环——你不能用你试图建立的这个系统的合理性，作为这个系统是否被合理构建的标准。如果逻辑是其自身合理性的唯一评判，那么它最多只能证明其体系内部的一致性，而无法证明外部的合理性。这就意味着在某种情形下，我们不得不去寻求能够证明逻辑公理合理性的外部条件，这就需要我们进行某种判断，因为这个证明过程将提供逻辑体系自身无法提供的某种东西。

这种体系的有效性可能来自一种直觉，它声称当一个公理成立的时候我们是可以看到的。这就像我们知道 1+1=2，只要我们明白这些术语是什么含义即可。换句话说，这种外部判断可能是纯实用主义的——我们应当遵循某个规则，因为它会给我们带来可靠的论据。哲学上存在一个强大的传统，即把这种可靠性论证视为对逻辑和论证规则的终极辩护，其中最引人注目的便是美国实用主义。很显然，这是判断的一种形式，因为它超出了逻辑和证据可以证明的范围。“那些有效的事是对我们有效的事。”这是一个判断而不是事实，因为人们可以不同意“那些有效的事”所代表的含义。举例来说，将特定的宗教典籍视为权威信息可能只对某些信徒来说是如此，其他人则可能拒绝接受任何宗教典籍的权威性。

然而，让我们假设你能以某种方式客观定义公理，而不受判断的影响。如果你使用逻辑时只借助数字和字符，那你只能得出数学上的结果。如果哲学充其量只是向你展示“如果没有 A 是 B，而所有 C 是 A，因此没有 C 是 B”，那么除逻辑学家以外，哲学在任何人的眼中都毫无趣味可言。如果我们能将这种推理应用于真实情境中（这也是它的唯一用途），那我们至少需要某种判断，即使在最简单的情境中也是如此。

我们简要分析一下前述例证中的论证：“没有人有翅膀；乔治是一个人；因此乔治没有翅膀。”大前提“没有人有翅膀”很明显为真，但“人”这一种类是由我们人类主观命名的，以使我们与其他动物区分开来，这也毫无疑问。但有人主张如果我们在分类学上采用一致的标准，那么人属（genus homo）将包括三个物种：穴居人（黑猩猩）、倭黑猩猩（侏儒黑猩猩）和智人（我们）。这种做法并不会影响这个论证过程，因为黑猩猩也没有翅膀，但它却向我们阐明了隐藏在一个明显简单的前提背后的复杂性和判断。

我们还需要记住上述这些例证的主旨，它们的论证过程是如此清晰、明了，以至于它们的基本结构和有效性都变得透明起来。但事实上，没有哪位哲学家——在这个问题上或许还包括动物学家——会提出论据来证明某个人没有翅膀。只有当前提的内容稍微丰富些时，哲学论证才能变得较为有趣，当然这也意味着它将缺乏不证自明的元素。

我们举一个标准的哲学典籍的例子——笛卡尔的《沉思录》。事实上，笛卡尔和其他大哲学家一样，并未用简洁的“前提 – 结论”的形式来呈现自己的论证过程，但确定他的核心前提及由此获得的结论却是一个合乎情理、直截了当的任务。此处援引的笛卡尔的各种前提都已被转述成单一命题的形式，它们包括：

> 如果上帝是善良的，那他不会允许我被欺骗。（第一沉思）
>
> 如果我认为自己没有属性，那么这份属性便不是我的本质特征的一部分。（第二沉思）
>
> 在有效和全面的原因中，必须至少有与该原因的结果同样多的现实。（第三沉思）
>
> 凡是被清楚地认识到属于某物的东西，都确实属于它。（第五沉思）
>
> 感觉能力是被动的：一个人无法控制他所感知的事物的本质。（第六沉思）

上述每个前提都需要辩护和解释。没有哪个前提是简单的、合乎逻辑的公理，也没有哪个前提是直截了当的经验观察。因此，就像笛卡尔在表达它们时必须使用他自己的判断一样，确定它们是否为真也需要我们的判断。

还有一个难题是，逻辑语言不是自然语言。这就意味着如果你希望使用普通的命题作为形式逻辑论证的基础，那你通常不能直接进行，而是首先需要转换它们。例如，即使是在我们前面所举的简单例子中，我们也必须做一些颇为尴尬的转换，即把“没有人有翅膀”转换成“没有人是长翅膀的”，把“乔治是一个人”转换成“‘乔治’这一类别中的所有成员都是人”。这种转换很容易实现，但正如我们已经看到的，这是一个特别简单甚至有些老套的论证。

理论上讲，现代逻辑语言可以应对非常复杂的论证。其中一个原因就是全部子句都可以用单个字符来代替。我们以笛卡尔的一个前提为例：“如果我认为自己没有财产，那么这份财产便不是我的本质特征的一部分”。为了合乎逻辑地表达这个前提，我们需要将其分解为前件（由表示假设的“如果”引导的子句）和后件（由“那么”引导的内容）。因此，我们可以为“如果我认为自己没有财产”贴上 X 标签，并为“那么这份财产便不是我的本质特征的一部分”贴上 Y 标签。接下来，我们用符号“⊃”代表“如果 / 那么”关系，并用“¬”表示否定后件，这样一来，我们便可以用简洁的公式“X⊃ ¬ Y”来表示上述前提。

当然，这里存在一个角色，对论证进行逻辑转换，并观察演绎是否正确。如果笛卡尔没有在他的 X、Y 和 Z 之间建立适当的关系，那么他的论证便不会成立。但值得记住的是，在现代逻辑将它们正式地表达出来之前，人们便已识别出笛卡尔推理过程的漏洞。此外，当一个前提被简化至一个字符时，一个论证的真正要点多半已经被抹掉了。令笛卡尔的论证生动有趣的并非它的前提采用“X⊃ ¬ Y”的形式，而是它所拥有的具体内容——“如果我认为自己没有财产，那么这份财产便不是我的本质特征的一部分”。

因此，在将普通语言的前提转换为逻辑符号时存在两个不同的问题，它们表明判断在转换过程中是不可或缺的。首先，存在转换错误的风险，而且，无论这个转换过程是好是坏都需要判断的参与。其次，即使转换是正确的，此类转换过程也剥离了前提的所有含义。所以，为了了解一个论证是否合理，你永远不能只依靠论证的逻辑结构本身所表现出的东西来做出判断——你始终要判断前提是否为真。

理性终究还是要受逻辑的约束

至少，还是有人相信理性确实受基本逻辑法则的约束。即使逻辑本身不具备坚实的外部基础，我们似乎也需要接受它，而一旦我们这样做了，我们便要确认自己的思维符合一致性的基本要求，就算考虑到我曾提及的我们需要处理的悖论也是如此。在此类情形下，我们承认某些事情是错误的，但我们也承认，我们找不到任何解决办法来阻止事情变得更糟。在这种类型的论证中，最好与好并非对立关系：如果只有两个选项可供选择且二者都不一致时，那就暂时选择不一致程度较低的选项。但毫无疑问，哪个选项都不是最令人满意的。

此处的基本原则可以以各种形式表达出来，例如排中律、二值原则或无矛盾律。所有这些原则形式背后的基本理念都是任何命题必须为真或为假，而且不能既为真也为假，或既不为真也不为假。人们常说，这不是良好推理的普遍规律，而是西方逻辑特有的东西。东方哲学推崇“两个都 / 和”逻辑，而不是“两个中的一个 / 或”逻辑。但在我看来，上述观点似乎误解了东西方哲学。在东方哲学里，矛盾的出现几乎总是为了展示矛盾概念的局限性，而非现实矛盾的真正和平共处。然而从深层意义上讲，东西方两种哲学在传统上都支持排中律，在这种表现形式中，两种哲学都将矛盾的真实存在（而非表面上的存在）作为某件事不正确的证据。区别在于，西方哲学家试图通过改善逻辑语言的运用来解决矛盾，而东方哲学家则经常通过诉诸现实而非语言来解决矛盾，因为从语言中看不出此类矛盾的存在。

我们以道教为例。道教强调，在面对现实时，语言是一种并不完美的工具，不能将现实充分表达出来。所以我们不必试图化解由语言引发的所有矛盾，而是应当将语言丢在一边。“言者所以在意，”庄子写道，“得意而忘言，吾安得夫忘言之人而与之言哉！”

因此，将排中律作为良好推理的核心要求并非沙文主义的表现，但这是否太过于符合逻辑的要求了呢？尽管它看上去确实是一个合理的推理原则（通常应当受到逻辑的约束），但对于它“总是必然”受到约束的说法，我却看不到任何推理的基础。在此，我将通过一个例子来阐明我的观点。假设我们通过科学探索获得了一个在逻辑上似是而非的发现。例如，理论物理学家达成的共识是，理解一个给定粒子位置不确定性的唯一方法就是，给定粒子 p 在位置 a 或 b 处既不为真，也不为假（我当然不是在声称这个结论正是当前的量子理论所希望获得的）。言归正传，他们一致认为，在这种情况下我们必须无视无矛盾律，并接受“P 与非 P”的表述。关于这一发现可以有很多回应方式，我将其总结为三大类：否认、修正和拒绝。

否认的意思是这不可能为真，因为它违反了逻辑上的二值原则（或排中律）——任何命题都必须为真或为假，不存在第三种选择。

修正是指这可能为真，二值原则也可能为真，因为逻辑是一个独立的系统，世界本身可能符合逻辑原则，也可能不符合。我们假定它符合逻辑原则，因为基于这一假设的研究已被证明是进行实证研究的一种富有成效的方式。但关于为什么假定必须为真并没有先验理由，而且，即使有关粒子位置这一奇怪发现的证据是压倒性的，我们也仅仅是发现了一个将逻辑应用于现实世界的局限。

拒绝更加极端，其指的是这项发现完全摧毁了逻辑基础，并显示它的基本原则是错误的。

我当前的目的是，我们不必决定哪种回应是正确的。毕竟在上述思想实验中，如果缺乏有关这项奇怪的假设性发现的信息，我们便无法得知哪种回应更好。我的观点很简单，即在这种情形下，我们可以理智地思考哪种回应更理性些。证明这一问题的事实显示，我们的理性观念似乎并不一定会受到我们的逻辑观念的约束，也不一定能与之和平共处。因为真正有争议的是，在这种情况下，接受、修改或拒绝逻辑似乎要求的东西（如果有的话）到底有多理性。换句话说，不管接受一个非逻辑的发现是不是理性的，这都是一个有待解决的问题。站在理性的立场上，这一发现表面上的非逻辑性并不是拒绝它的充分理由，除非人们有其他更好的理由相信理性的“最高统治者”是遵从逻辑的。如果（至少在某种情形下）逻辑既无必要也没有充分的理由解决一个理性论证，那么理性便不会必然受到逻辑法则基本需要的约束。这样一来，逻辑就变成了理性使用的一种工具，而非理性自身的本质。

被束之高阁的演绎推理

为什么说判断是推理过程的内在部分，而不仅仅是逻辑失败时的备用工具？还有最后一个原因需要指出来，那就是论证的演绎模式——正式的逻辑——根本不是我们当下推理的主要手段。正如哲学家帕特丽夏·丘奇兰德（Patricia Churchland）所言：“有谁会认为演绎推理能帮助你在这个星球上畅行无阻呢？想听实话？我的意思是，也许我每周会做两次演绎推理。刚才只是个玩笑，因为我不知道自己多长时间才做一次演绎推理，但频率肯定不高。”我们大部分的推理过程差别都很大。“你可以把它称为溯因推理，或者称为获得最佳决策的推理，又或者是获得最佳解释的推理，”丘奇兰德说道，“但不管怎么称呼它，我们都不知道这个过程是如何进行的。”我认为，这位哲学家最后的断言并不是说此类推理有多么神秘，而是说我们不知道人类的大脑是如何做出此类推理的，而且，我们手中也没有明确的规则或算法告诉我们，什么时候做出的推论是正确的。我们审视证据，设计出提供最佳解释的假设，对逻辑发挥作用的程度进行一致性检验，并考察我们的解释是否会导致任何荒谬的结果（不过我们看到，这些结果并不总是毁灭性的）。然而到最后，这样一个论证究竟是好是坏还是无法得到客观的验证——我们只能再一次求助于我们的判断。

理性不会与演绎逻辑和平共处的主张应当不会引发争论，因为很多种形式的理性论证，例如归纳法和溯因推理，从定义来看都是不可演绎的。对于接受休谟所声称的有关事实和逻辑推理之间的区别的人来说，这应该不会令人惊讶或反感。休谟的目标并不是要表达有关事实的非演绎推理都是非理性的，而是理性不仅仅是由演绎推理构成的。例如，按照他的思想，他本应想到自己反对神迹的论点是非理性的，因为它们完全建立在归纳原则的基础之上。

尽管休谟在西方哲学史上备受尊崇，但他的核心思想似乎并未受到充分关注。学生们学到的哲学方法也主要集中在演绎的形式推理结构，而不是非形式推理结构上。而且，对于哲学家而言，过于公开或清晰地承认所有这种非演绎推理都离不开判断的使用确实非常罕见。

如果认为哲学实际上并不那么依赖于演绎的观点似乎是异端邪说，那么更全面的真相则更令人惊讶：它往往根本不依赖于论证。研究发现，在哲学发展史上，经过仔细的检验，哲学家们一次又一次做出的关键举动，更像观察而非论证。哲学家们所做的工作总是被视为极为重要且吸引眼球的。一旦我们也这样做了，我们会发现自己对所观察事物的认识与他们是一致的。论证不会带来这一切。

这样的例子不胜枚举。我将挑几个最有名的与你们分享。第一个例子是笛卡尔的“我思”（cogito）——通常表述为“我思故我在”（cogito ergo sum）。这是笛卡尔在《方法论》（*Discourse on Method*）中使用的表述，它至少具有一个论证的表面形式。然而，在《沉思录》中，他有相当不同的说法。“‘我在’‘我（确实）

存在'，无论何时被我提出或被我在心里思及，它都必然是真的。”与其说这种表述是一种论证，倒不如说它更像一种观察。笛卡尔在此处的真实想法是引导我们关注这样一个事实：我们在思考的同时，不能对我们的存在产生任何怀疑，因为思考“我不存在”是自相矛盾的。这不是一个纯逻辑的观点，而正是笛卡尔的观点有争议的原因。它也不是一种论证，因为它既没有前提也没有结论。相反，这就是一种观察，一个有关这一世界的事实——我们受邀去参与，然后尽我们所能去诠释。

类似地，大卫·休谟并未使用论证来反驳笛卡尔有关“我们都有一个不可分割的自我”的思想。相反，他只是建议我们在思考时要更加谨慎地关注会发生什么。“从我的角度讲，”他写道，“当我更加透彻地探讨我应该怎么称呼我自己时，我总是会感受到某种特殊的感觉，例如冷或热、明或暗、爱或恨、痛苦或愉悦、色彩或声音，等等。我从未捕捉到我的自我，它不同于上面这些感觉。”再强调一次，这只不过是建议大家留心观察并得出正确的结论。由此，我们可以看到，史上最大的一次有关自我本质的基本问题的哲学辩论，并不是一次论点的交流，而只是一次观察结果的交流。

这些并不是什么不同寻常的例外情况。在道德哲学中，观察结果甚至是更为明显的思想基础。例如，关于什么是人类的至善（the highest good），很多人声称至善就是幸福，但实际上他们并不是这么做的。相反，他们让我们考虑我们可能会做出的几种选择以及我们可能会选择的不同社会，并试图说服我们一个选择比另一个选择更好的唯一理由就是其会带来更多的幸福。那些持不同立场的人也仅仅是要求我们回答不同的问题。例如，罗伯特·诺齐克（Robert Nozick）设计的著名的经验机器（experience machine）思想实验邀请我们思考，我们是更喜欢虚拟世界中不受打扰的快乐（其设计仅仅是为了让我们快乐），还是更喜欢现实世界中跌宕起伏的生活。大多数人选择了后者，这说明我们并不把幸福当作至善。但这并不是一次论证，而仅仅是以一种比较清晰的方式使我们注意到，我们并不总是倾向于选择使自己感到更幸福的东西。

留心观察通常比论证更为有用。有的怀疑论者可能会说："我不知道这里是否有一只手。"但正如维特根斯坦所说，回应这位怀疑论者的最好方式就是说："请走近瞧瞧！"留心观察是良好推理的一个关键因素，并为我们提供了一个最清楚的例子，说明哲学研究不可避免地要用到判断，而不能仅仅依赖逻辑和证据。但正如我们已经看到的，从构建纯粹的哲学公理到演绎的使用，再到诸多哲学立场所依赖的关键观察数据的收集和整理，判断在各种哲学论证中都大有用处。在前文中，我把判断称为哲学的"脏秘密"，但任何污秽都只是由"仰望星空"的头脑想象出来的，那些人相信推理可以而且必须拥有超脱世俗的纯净度。但在脚踏实地的思想者看来，判断根本就不肮脏。

正确认识判断在推理中不可或缺的作用，有助于我们理解为什么哲学中会存在根本分歧，而你又无法明确指出哪一方是错的。有关抽象对象是否拥有真正独立的客观实体的争论便属于这种情况。一项针对学院派哲学家和研究生所做的大规模调查发现，39% 的人认为它们有，38% 的人认为没有，而剩下的人要么不知道，要么不确定。如果哲学不需要判断，那么这些根本分歧的存在就令人费解了。我认为，正是由于理性论证极其依赖判断而非逻辑算法，此类分歧的存在才不仅是广泛的，而且很可能是不可避免的。

很多人会担心，如果我们过于重视判断，那就会以无法接受的主观主义态度告终。在那种情况下，如果有两个人的判断引导他们得出不同的结论，那我们将没有理由对其做出仲裁。这真是太悲观了。我们已经看到了科学和宗教的例子，承认判断的作用与承认一切皆有可能并不相同，而且理由充分的论证通常也不会引发辩论。我将在下一章对这个问题进行深入探讨，而在此，我们只需承认，过于明显的事是无法被忽视的。"跟随论据，不问结果。"如果说这句格言蕴含了什么真理的话，那就是我们不能仅仅因为害怕真理可能带来令人不快的结果而躲着它走。

本章小结

判断是一种需要得出结论或形成理论的认知官能，它的真实或虚假不能仅仅由事实和 / 或逻辑来决定。

以一种正式的、逻辑的形式呈现一个论证的目的可以说是消除判断的作用，并使其客观地决定一个论证是否合理。但这个目标是不可能实现的。判断的影响可以而且应当通过这样一个过程被最小化，但其事实上却存在于这个过程的每个阶段。

为了了解一个论证是否合理，你永远不能只依靠论证的逻辑结构本身所表现出的东西来做出判断——你始终要判断前提是否为真。

如果（至少在某种情形下）逻辑既无必要也没有充分的理由解决一个理性论证，那么理性便不会必然受到逻辑法则基本需要的约束。这样一来，逻辑就变成了理性使用的一种工具，而非理性自身的本质。

研究发现，在哲学发展史上，经过仔细的检验，哲学家们一次又一次做出的关键举动，更像观察而非论证。

The Edge of Reason
A Rational Skeptic in an Irrational World

第二部分
理性的指导原则

就像第一个关于理性的谬见一样——作为一种能力，它消除了个人对于判断的需要，第二个谬见也可以追溯到柏拉图的对话录中。在《斐德罗篇》（*Phaedrus*）中，人类的灵魂被比作由两匹马拉着的两轮战车：一匹马桀骜不驯，另一匹马则高贵且有教养。理智或理性是这架战车的御者，使“麻烦”的情感与沉稳的理性并驾齐驱。

这一隐喻反映了历史上的一个世俗观念——虽然我们可以控制情感，但理性的指导既是可取的，又是可能的。它也反映了有关理性与情感是两种“独立驱动”的错误理念。当这些错误与事实发生冲突时，它们威胁说要让理性看起来像一种幻觉。如果我们实际考察哲学家们的工作状况，就会发现他们并不是坐在一匹高贵且有教养的马身上，而是骑着一头杂交的野兽。如果我们看一下心理学教材中描述的人的心理是如何工作的，那我们就会发现，受过严格训练的理性主义者的理念似乎与神秘的独角兽一样稀奇。

如果适当考虑思维中所谓的非理性元素，那我们便可以修正自己对理性的理解并表明：虽然它确实在指导我们的生活时扮演了重要的角色，但它不会也不能在缺乏情感和其他心理驱动力的情况下独立发挥作用。如果继续拿战马来做比喻，那理性既不是驴，也不是纯种赛马，它更像是一头辛勤工作的骡子，而且丝毫不差。

The Edge of Reason

A Rational Skeptic in an Irrational World

第4章

哲学家们的精神生活

很显然，在决定哪些论据更强大时，哲学家们自己的性情和文化对他们的判断施加了影响。

在前面的章节中，我将推理过程中判断的不可避免描述为“哲学的脏秘密”。不过西方有句俗话：“每个人的衣柜里都藏有一具骷髅。”每个人都有不愿示人的秘密，哲学也是如此，人们如何进行哲学思考在很大程度上取决于他们的个性。大多数这个学科之外的人会认为这是一个显而易见的事实，因为众所周知，我们的信念和价值观是由先天倾向、后天教养和文化的综合作用塑造而成的。尽管更广阔的世界接受这一点可能没有问题，但其对哲学作为理性主导者而非受理性主导的形象却构成了威胁。

我们可以通过一种简单且令人放心的方式来承认这一显而易见的事实，那就是性格虽然会影响我们的思维方式，但不会威胁哲学超然的客观性。同样地，科学家也是通过承认自己的方法根本不会依赖个体的怪癖和弱点来消除自己的疑虑的。当然，这也等于承认个性和价值观确实会影响科学家进行科学研究的方式——一些人确实比另一些人拥有更多的实验技能、创造力、保守倾向、细致程度或耐心。科学家对哪一个领域情有独钟也取决于他们的性格，而且一个人的价值观也有可能会引导他们寻找一个特定的结果——这个结果符合他们自己更高层面的世界观。然而，一个人性格的任何方面都不会威胁到科学发现自身的客观性。性格有可能会促成他们的发现，但证据和理性会决定他们的发现是真正的科学发现还是一个谬误。科学作为一种追求，因科学家的个性而五彩斑斓，但科学作为一组结果，对内向者和外向者、保守者和激进者、有神论者和无神论者来说，都是一样的。

正如我们在第 2 章中读到的，世间万物并非像我刚才描述的这般简单，尤其是在科学领域。但是，即使这种对科学客观性的辩护大体上是正确的，我们就真的能接受哲学也是这样工作的吗？我认为不可以。与科学领域相比，个性对哲学的影响程度要深得多，这就削弱了哲学与科学同样客观的说法。这个问题的重要性超出了哲学的范畴，因为它反映了一个更为广泛的事实：理性永远都不能完全摆脱个性和人性。

为了使我的论证更具说服力，我将目光锁定在一种经常被忽视的文学体裁——哲学传记上。坦率地讲，大多数此类作品读起来都是枯燥无味的。与其拥有的精神财富相比，那些拥有精神生活的人的世俗生活往往不那么有趣。不过话说回来，这类书籍确实以极为丰富的方式清晰阐明了性格与理性之间的关系。

食人间烟火的哲学家们

我读过很多哲学家的传记，当书中频频闪过的个性之光照亮他们的哲学思想时，我深感震惊。有时，生活与思想之间的联系就这样跃然纸上。例如，在约翰·斯图尔特·密尔的传记的最著名的一章中，他谈到了自己的精神崩溃，并借用了柯勒律治在诗歌《沮丧》（*Dejection*）中的名句，他是这样描述的：

> 这是一种不敢疼痛的悲苦——
> 空虚、晦暗、窒闷、昏倦、无情，
> 任何言语、叹息、泪水都不能，
> 给予解脱或出路。①

密尔很清楚，这种体验对他的思想和性格都“产生了非常显著的影响”，也由此改变了他的哲学观。首先，尽管他依然相信幸福就是至善，但他逐渐认识到“只有那些把自己幸福以外的东西作为追求目标的人才是幸福的，这些人追求别人的幸福，追求人类的进步，甚至追求某种艺术或事业，同时，他们并不把这种追求当作手段，而是当作一种理想的目标。”其次，他将思想的重点从政治转向了个人：“这是我第一次把个人的内在文化作为人类幸福的首要必需品之一。”

卢梭在他的《忏悔录》中频频表示，他一生中的经历正是自己学识发展的重要因素。例如，在回忆自己儿时因为没做某件事而受到惩罚时，卢梭写道：“多么令人沮丧的想法！多么令人不安的情感！在他的内心里、在他的整个智力和道德自我中，这是多么巨大的改变啊！”由此，我们不难想象这件事对其年幼的自我的影响。

在一本哲学传记中，有趣的内容不仅仅是生活中的事件及其对思想的影

① 该句取自杨德豫先生在《华兹华斯、柯勒律治诗选》中的译文。——译者注

响，还包括性格与思想之间的联系，尤其是在童年形成的性格特征。举一个威拉德·冯·奥曼·奎因传记的例子。这本书是一本关于旅行和事件的详尽目录，其中记录了他在各地游历的情况，并谈到为了划掉清单上尚未前往的地点，他需要继续上路，以圆满完成自己的旅行。“在霍兰德街住了五周之后，我们四处游荡的癖好又迫使我们搭车跑到了罗德岛和康涅狄格州……”这是一段文字的开头，让人忍不住读下去。它表现出思想家在内心深处渴望把精神层面的秩序与整洁尽可能带到自己的现实世界中。“在蹒跚学步时寻找不熟悉的回家路。”奎因如是说，这反映出“理论科学发现的兴奋点：将不熟悉的东西转变为熟悉的东西”。

与此形成鲜明对比的是，保罗·费耶阿本德（Paul Feyerabend）则回忆说，在他还不满 10 岁的时候，他痴迷于魔法和神秘事物，并在面对模糊性和悖论时没有任何不适感。例如，当他第一次意识到在圣诞节闯入自己的卧室送礼物的圣诞老人实际上是父亲假扮的时，“那是我的父亲……不用说，就是我的父亲，”他写道，“但同时他又不是我的父亲，而是圣诞老人。”当然，在奎因和费耶阿本德的传记中，接下来的内容便反映了他们不同的哲学思维：奎因体现的是正式的、合乎逻辑的、系统化的传统（尽管这类形式的局限很明显）；费耶阿本德体现的则是反还原性和反系统化。

当我们阅读这些成熟的作品时，一个问题会很自然地浮现在脑海里：什么是正确的，是费耶阿本德的反对方法，还是奎因干巴巴的逻辑？但一旦读者沉浸在他们的传记中，似乎又可以看到明显的事实，那就是一个个各具特色的哲学理论都反映了哲学家在个性上的深层次的差异，但客观的理性和事实在这里才是裁决者，这是让人很难接受的。只有对哲学的客观性和哲学家充满信任，才能理解费耶阿本德和奎因仅根据他们所提出的论点就得出了他们各自的哲学立场这一事实，尤其是当他们的倾向与他们既定的结论如此明显地一致时。而且，如果这种思维方式对于他们是可行的，那么对于我们这些并不拥有如此精致哲学思想的普通人而言，至少也应当如此。

或许，比他们是如何确立自己的立场更为重要的是，如何解释为什么他们会有这样的立场。如果哲学和科学一样，那么，尽管我们可能期望拥有不同个性的人会萌生不同的想法，但最终我们还是期望哲学界能确定某个解释是正确的。然而我们并未看到这一点。尽管思想的汇聚经常会超出我们的期待，但大多数哲学领域都看不到任何一致的内容。“哲学上的分歧是普遍的且无法解决的，”彼得・范・因瓦根（Peter van Inwagen）说道，“哲学上几乎没有哲学家们能达成共识的论点。”

这种观点已经通过了在线哲学研究网站 PhilPapers 的实际验证。这项调查由戴维・布尔热（David Bourget）和戴维・查尔默斯主持进行，1803 位哲学教育人士与哲学博士和研究生参与了这项调查，其中一个调查问题是他们眼中的 30 个核心的哲学问题。正如查尔默斯指出的那样，只有一个观点获得了超过 80% 的支持率，另外三个观点获得了超过了 70% 的支持率。在进入榜单的 30 个观点中有 23 个都未获超过 60% 的支持率。有关抽象事物本质的分歧我在第 3 章中已经提到了。还有一个问题是，认为某件事是对是错是否提供了一种内在的动机，促使人们按照这一道德原则行事：34.9% 的人对此表示赞同，29.8% 的人不赞同，而剩下的人则选择了其他观点或“不确定”。查尔默斯由此得出结论：“在哲学的重大问题上，还没有看到有明显的共识向真理方向汇聚。”

很显然，论据本身并不足以说服所有思维清晰的人得出同样的结论——要么因为数量庞大的哲学家们的头脑不清楚，要么因为存在某些除激烈争论以外的因素在产生影响。从人们所持的观点与他们的出生地、取得博士学位的学校和目前的工作以及他们的年龄和性别等因素的相关性上考虑，PhilPapers 的调查提供了更多证据显示后一种解释是正确的。例如，认为自己属于政治自由主义者的男性哲学家（13.7%）几乎是女性哲学家（7.5%）的两倍。在行动本身是否存在对错

（意外导致正确或错误结果的情况除外）的问题上，与非美国人的 23.3% 相比，34.4% 的美国人赞同这一问题的正面立场。很显然，在决定哪些论据更强大时，哲学家们自己的性情和文化对他们的判断施加了影响。

哲学并不是完全客观的学科，它的“产品”与生产它们的人没有任何关系，哲学传记为此提供了强大的证据。在很大程度上讲，哲学是一种个人追求，而且，我们并把一种号称“理性”的客观能力参与其中。相反，我们的理性则会受到我们是谁以及我们已经做出的承诺的影响。有人可能更进一步，并赞同维特根斯坦的信念，即“从事哲学研究工作……说实话更像在研究自己——研究自己的想法，研究自己是如何看待事物的”。

我曾说过，哲学传记提供了支持这些结论的证据，但它并未强迫我们接受这些证据。当论点被提出来的时候，恰好仅凭推理规则和证据不足以使所有理性的灵魂都能得出同样的结论，怎么会那么巧？尽管如此，证据是很强大的而且要求我们进行回应。任何希望面对这一证据还能坚持认为哲学论证和原则应该始终被完全客观地考虑的人，都需要解释如何才能实现生活与思想的这种分离。

也有做好充分准备承认这一点的哲学家，但这还不够。泰德 · 洪德里奇（Ted Honderich）异乎寻常地坦率，他这样写道：“我这个人很固执，但尽管如此，我和大多数哲学家一样，在很大程度上对于论证是无动于衷的。在此有一个有关哲学的事实值得一提，那就是位于哲学底层的是一些未识别为义务的东西，其更适合被描述为使世界与我们早日和平共处的工具。”然而在 14 年后，洪德里奇还在重复这条标准：“谁能最终在哲学上获胜将由判断、事实和逻辑来决定。”或许洪德里奇早就应当这样写：“哲学家们最终还是对那些对论证构不成影响的论据无动于衷。”

在交流过程中，我们或许可以发现，哲学家们更愿意赞同洪德里奇不太乐观的结论。例如，当我就我自己的一本有关自由意志的书与索尔·史密兰斯基（Saul Smilansky）交流时，他告诉我这场辩论的棘手程度，在某种程度上可以通过下面的事实得到解释：

> 哲学家也是人，他们来自不同的地方，有不同的价值观。即使有关自由意志的不同理念已经取得了一些共识，但还是有一些哲学家——坦白地说——会激进地设定很高的门槛，然后说根本就没有自由意志，而另一些人则把门槛设得比较低，并说自由意志显而易见是存在的。还有一些像我这样的人会说这个问题很复杂，而且我们有各自不同的门槛。我甚至倾向于认为，从某种程度上讲，有些人乐观，有些人悲观，因此，他们会调整这个门槛以使自己感到满意。

史密兰斯基认为最有可能出现以下的场景：

> 你就是你，你不会变成别人，你可以尝试着去理解持有不同观点的人，但最终，或许最有成效的事情就是，你似乎患上了“强迫症”——总是试图以最好的方式巩固自己的立场，然后再看看会发生什么事，这件事在别人看来是否貌似可信以及他们对此会有什么反对意见。

然而，在大多数情况下，对于个性在哲学中扮演的角色，都不会有太多人愿意公开承认。我认为，在某种程度上，这应当归因于可以理解的哲学领域的防御姿态。哲学家们知道，很多人对这个学科是抱有成见的——认为哲学往好了说是投机性的，而往坏了说就是胡说八道。因此，他们费尽心思强调哲学是脚踏实地的、严谨的、善于分析的和富有逻辑性的。这样一来，允许个性在其所持的哲学立场上扮演重要的决定角色，就可能会破坏所有这些声明的说服力。这也会为社会上许多持怀疑态度的人所利用，他们会抓住任何把柄来证明哲学是不科学的、是自以为是的胡言乱语。

或许，这仅仅反映了哲学家心中的一种不情愿，他们不得不承认自己所做的工作在本质上确实有点投机取巧，而且常常陷入胡言乱语的危险之中。就像西蒙·格伦迪宁（Simon Glendinning）敏锐地指出的那样：“对任何哲学家而言，如果承认自己正在做的、自己认为值得做的事情可能只不过是空中楼阁或者毫无意义，又或者一团糟，那确实是很窘迫的。”格伦迪宁提出了一个有趣的假设：“正是因为不愿意面对这种可能性，很多以英语为母语、善于分析的（英美）哲学家才把‘（欧洲）大陆哲学’当作哲学的‘他者’，当作一个‘错误的化身’。而所谓的分析哲学认为这种可能性是内在的、空洞的和诡辩的，并且威胁到了所有的哲学思维。”

我倾向于认为这是一个伟大的真理，但你不需要完全遵循格伦迪宁的他化（otherisation）理论就能看出，迄今为止，哲学家们确实不像证据清楚表明的那样，愿意接受个性在哲学中所扮演的角色。

我们生活的故事

然而，哲学传记所起的作用绝不仅仅局限于展现传记主人的个性和偏见。它们还提供了鲜活的事例，以证明为什么此类因素会不可避免地影响我们的思考，从而使其超出了传记的范畴。

洪德里奇在传记作品的结尾部分提出了很多重要的问题。他探讨了因果关系问题以及传记作家在一生中是如何思考“什么导致了什么”这一问题的。事实上，正如洪德里奇在该书前面明确表态的那样，这只是一个有关因果关系的哲学普遍问题的特殊例证。他用划火柴的例子阐明了自己的观点：“当我们划火柴时，如果被问到是什么原因使其燃烧的，我们会很自然地回答是划擦。反过来，我们也可以说，如果我们没有划这根火柴，它就不会燃烧，所以说划擦就是原因。然而，为了实现燃烧，其他一些因素也是重要条件：如果没有氧气存在，或者如果火柴弄湿了，燃烧便不会出现。”因此，为了考虑周全，我们所需要的不仅仅是一个原因，还有洪德里奇所谓的“因果环境”——结果出现所需要的一整套环境。

问题在于，任何事件的因果环境都可能是广阔的，并有大量的事物包含其中。但当我们问是什么原因导致了火柴被点燃时，我们并不希望被告知完整的因果环境，我们通常只想听到“它被划擦了”或者“它与一团明火接触了”。按照洪德里奇的话说，我们希望“提升”或“推崇”这一环境的某一方面作为“原因”。但如何证明把因果环境中的这一部分拿来作为原因是合理的呢？洪德里奇最后指出，没有办法能证明。因此，当我们解释任何事件发生的原因时，唯一充满智慧且令人信服的解释就是“基于因果环境的解释”（explanation-by-casual-circumstance）。“基于原因的解释”（explanation-by-cause）不过是不合理地挑选的因果环境的一部分而已。

就传记而言，这个问题很明显被放大了。在解释为什么一个人会以某种方式行动时，对应的因果环境是颇为广阔的：除了行动前的情况和思维过程，还有到目前为止这个人所有的生活状况及其遗传特征。然而，在试图了解一个人的生活时，我们还是会不自主地倾向去寻找一个确切的原因。事实也是如此，很多哲学家就是这样做的，而且很显然他们并没有将其视为一个问题。例如，罗素详细记录了一个时长为五分钟的经历，他认为这五分钟完全改变了他的生活。在那五分钟里，他看到病重的怀特海德夫人极度痛苦。“在那五分钟后，我变成了一个完全不同的人，”他回忆道，“这种冲击力既来自政治环境也来自个人情感，在那五分钟里，我从一个帝国主义者变成了一个支持布尔人的和平主义者。”似乎可以肯定的是，如果没有一个在这五分钟之外的因果环境，这种变化是无法得到充分解释的。罗素单独挑出这短短五分钟时间作为其思想改变的原因，而他自己并未发现有何不妥。

洪德里奇对“基于原因的解释”这个概念也不赞同。他说道：“我们所确定的原因只不过是一个引起我们兴趣的因果环境中的特殊点而已”，而且“(一个圈定的原因)根本解释不了某件事为什么会发生，它只是一个关于我们的兴趣和我们的现实利益的问题”。但我们可以反过来问，为什么这些观察不能被视为抓住了能够解决他的因果问题的关键，而不是仅仅充当批评者。

我们可以从质疑为什么会有一个完全基于原因的解释开始。基于原因的解释之所以会成为一个问题，关键在于洪德里奇无法提供一个极为客观的原因来说明为什么要“提升”或“推崇”因果环境的某一部分而非其他部分。客观地讲，如果没有这样一个理由，那我们便必须面对整个因果环境。然而，如果我们不再认为我们需要一个“完全”客观的理由才能得到一个“基于原因的解释”，那么问题便不存在了。难道我们就不能大方地承认，在“提升”因果环境的某一部分的同时，我们也在表达自己的诉求甚至愿望吗？客观地说，承认这些诉求和愿望是什么还不够吗？

我认为足够了。当洪德里奇设定问题时，看上去基于因果环境的解释可能是唯一完全客观的解释。一旦我们承认某一种结果只能通过完整的因果环境给出充分解释，那么接下来，从逻辑上讲，归结到少数几种因素上的任何解释都是不完整的。所以摆在我们面前的选择是：要么绝不应当提供一个基于原因的解释，要么承认某个基于原因的解释永远不是一个充分的因果关系解释。

第一个选择必须予以拒绝，因为我们不能在没有基于原因的解释的情况下行事。我们经常被要求在不能做出基于因果环境的解释的情况下给出此类解释。例如，我希望了解一起车祸的原因，在某种意义上，正确的答案可能是“刹车失灵”。不过，作为哲学家，尽管我们也许不能就为什么因果环境这个构成要素应该被确定为“原因”给出一个令人满意的解释，但我们不能因此否认它是合理的和必要的。至于为什么这个要素应当得到“提升”也许是一个哲学问题，但毫无疑问它是也应当是一个“原因”。一般来讲，确定存在基于原因的解释应当是没有问题的。唯一的问题是，为什么在每一种特定的情形下，我们都会“推崇”自己找到的原因，而且通常非常理解自己为什么会这样做。

考虑到基于原因的解释是不可或缺的，我们可以采取的唯一合乎情理的方法似乎就是承认它们的局限性：此类解释是不完整的，所以我们必须注意有哪些诉求和愿望正在引导我们对原因的“推崇”，而不是自欺欺人地认为任何基于原因的解释都是“真实的”。

此时，判断就被要求来决定哪种或哪些我们选出的原因是值得“推崇”的。这个过程不是随机的，例如，在调查火灾事故的原因时，一些答案（“有人丢过烟头”）可能比其他答案（“房间里有氧存在”）更合理。但与此同时，综合各种事实再加上逻辑却没有产生一个针对以下问题的答案：“这场火灾的原因是什么？”或者说“请告诉我关于这场火灾的起因，我需要了解什么。”在第二个问题情境中，很难想象，有人能够为“事故调查员需要的一段信息”设定具体的条件，使这条信息能够不经任何判断就从证据中被提取出来。

这与精神哲学和人工智能哲学中所谓的“框架问题”相呼应。可以通过思考弈棋机（下棋计算机）是如何工作的来理解这个框架问题。它们可以打败人类是因为它们可以试探所有可能的棋步，并计算哪种走法能够最大可能地提前很多步获胜。然而，这并不是人类象棋大师下棋的方式。人类的棋手不可能计算出来每一步棋的结果，而且这样做也没有效率可言。因此，人类在下棋时不可避免地会出现“昏招”。人工智能创造者面临的难题在于计算出棋手是如何缩小棋局上令人眼花缭乱的可能性的范围的。传统算法无法满足这种要求，因为它们依赖于系统化地解决每件事情，而这恰恰是框架应着力避免的情况。因此，人类似乎是在依据判断来识别什么是相关的，什么是不相关，而无论哪种判断都是形式推理机制无法做出的。

确定与某种因果解释相关的因果环境是一个非常相似的问题。在人类看来，这似乎很简单，但这不是一个可以用形式逻辑表达出来的问题。即使它能通过形式逻辑“建立模型”，我们思考这些问题的方式也不会遵循这种模型。这样看来，判断——得出结论或形成其真伪，不仅仅靠诉诸事实和 / 或逻辑决定的理论的能力——确实是我们的思维活动不可或缺的特征之一。

因此，在“推崇”因果环境中的某些要素而不是其他要素时，洪德里奇看到的是一个形而上学的武断选择，而我看到的则是以适当方式构建因果故事的理性需要。这其中，“适当”无法通过算法确定，而之所以说“无法”也是有原因的。正如哲学传记所展示的那样，哲学是一种个人追求，因性格、洪德里奇所谓的“承诺”，以及非个人的、客观的理性而变得富有色彩。“基于原因的解释”会受到我们为解释注入的利益和价值观的影响，这一点也不奇怪，因为任何哲学解释都会受到这些东西的影响。我们应当承认并对这种局限性持开放心态，而不是因未充分解决问题就拒绝某种哲学解释。这一问题反映了广泛的怀疑主义倾向。怀疑永远不会被彻底消除。消除怀疑的关键是了解怀疑的起因，并从中了解哲学的局限性，然后在这些边界之内行动。

非常有必要承认的是，当我们探讨客观性的界限时，我们所谈的不仅仅是其与事实的差距。相反，我们要指出的事实是，在许多情况下，事实本身并不构成我们需要了解和理解的全部。以哲学传记为例，洪德里奇写道，一种生活的叙述或总结“并不是由事实拼凑起来的，它们还体现了某种无法回避的生活态度——不管是短暂的还是稳定的”。他后面还做过一点补充：“此类事情不仅仅有关真相。”这里需要说明的一点是，当一个人详述一段生活时，他会忍不住做出判断，并且夸大事实。即使一个人避免使用判断语言，他对某些重要事件的选择和对其他事件的忽略也是一种判断。洪德里奇认为，此类判断永远不会只受事实的支配。

除传记之外的人类生活更是如此。有关因果关系的描述通常都不仅仅涉及事实，还反映我们对它们的态度。例如，请考虑一下当我们解释犯罪行为时，我们把多少注意力放在了主观动机或社会环境上。那些强调个人责任的人与那些强调犯罪的社会决定因素的人之间常常存在现实的分歧。甚至当人们就每个因素对整个因果环境的影响程度达成一致时也是如此，可能依然会有人更强调某个因素而非另一个因素，只因为价值观——例如偏爱宽仁之心或鼓励人们承担责任在起作用。

我想说，我们同样高估了我们在一开始汇聚所有相关事实的能力。我们自欺欺人地相信自己已经采集了所有关键数据，并把它们安排进了前提之中，然后想当然地得出我们的结论。这是狂妄自大的表现。实际上，我们选择的总是我们在当时通过判断得出的“最恰当”的结论，而其必然会折射出我们的价值观和人生态度，甚至原始的推理能力。

当我们思考辩论的历史发展脉络时，我们就会看到这一点。例如，在现代知识理论中，几个世纪以来，这个问题都是在触及个体认识者和著名认识者之间的关系时浮现出来的。直到 20 世纪 80 年代，“社会认识论”的概念开始流行，这在很大程度上归功于阿尔文·戈德曼（Alvin Goldman）的工作。社会认识论的建构基础是：人类的知识是一种集体成就而非单纯的个体成就。这一点看上去显然是正确的，因此我们或许应当认真思考一下：为什么哲学家花了那么长时间才将这种社会属性纳入认识论中。至少在某种程度上，面对知识的社会层面，把最高价值放在理性个体的自主性上，会蒙蔽哲学家发现知识的社会维度的眼睛。但如果我们认为其他价值观并未引导我们关注某些因素和忽视其他因素，那么我们无疑就被蒙蔽了。选择某些信息并剔除其他信息不仅是必要的，也是可行的。没有哪一种记述是包容一切的。这里借用一个古老的隐喻，如果一张地图的细节与它所绘制的那个地方的细节信息完全相同，那它根本就不是一张地图，而是那个地方本身或者是一件精确的复制品。虽然一张地图只有做到准确才能有用，但作为一张地图，它可以有选择地呈现其应体现的内容，这就是地理学家、旅行者和摩托车手各自需要不同类型地图的原因。

这就是为什么说没有任何一种说法是“真相”(the truth)，并不是因为“真相”离我们很遥远。我们需要区分“真相”和“真实”(truthful)。如果我们所说的“生活的真相”指的是对它真实、完整的描述，那么确实不存在这样的真相。但我们可以讲述有关我们和他人生活的大致真实的故事：这类故事不仅不会掩盖令人难堪的事实，还会从多角度呈现一个人的个性，而不仅仅是我们希望宣扬的那些。讲述这样一个真实的故事，并不是为了尽可能多地挖掘一个人的真实情况。这就是为什么我们对真相和理性的承诺要求我们的概念地图只包含我们想反映的内容的真正特性，同时不遗漏该地图的用户可能（合理地）认为有用的任何内容。但是，那种认为我们可以想出任何一种不反映我们的价值观和利益的概念地图的想法是一种幻想。哲学传记帮助我们认识到，在所有推理的背后，都是一个永远不可能丧失所有个性的推理者。这既不是哲学上的耻辱，也不意味着我们的哲学思维只不过是偏见或大众观点的反映。正如我一直认为的那样，哲学是需要判断的。我们需要在哲学中加入一个词——“个人”，也就是承认哲学是需要个人判断的。哲学传记用强有力的证据证明了我们推理的方式与我们的个性和我们的生活是纠缠在一起的。思维方式是根植于我们的个性之中的。所以我们必须承认，无论判断是什么，无论它在推理过程中扮演何种角色，从这层意义上讲，它都是“个人”的，不同的人所做的判断是不同的，而且期待任何涉及判断的论证能够说服每一位理性主体也是不现实的。

在奎因自传的开头，有这样一句话：“1908 年 6 月 25 日，反圣诞节那天，我出生在阿克伦市东南部纳什街一幢不起眼的木屋里，这座工业城市的人口有六万人左右。”与同时代的自传作者相比，奎因更热衷于告诉我们有关他的生活的事实，这大大超出了读者的需要。他在回忆录中直截了当地记录了自己的生活，而且从未停下来思考这种做法是否会引发任何哲学问题，这是典型的另类哲学家的风格。再比如，阿尔弗雷德·艾耶尔（Alfred Aye）是洪德里奇传记中的重要人物，那本书也确实探讨了艾耶尔所属流派的目的、范围和局限。但在艾耶尔出版的两卷本的自传中，竟然未提及上述问题。这一疏忽令人遗憾，因为哲学自传提供了一份特别集中的媒介，供我们审视生活与思想的相互影响，以承认和了解个人判断所发挥的作用——不仅针对哲学方法，还针对所有推理过程。

本章小结

性格虽然会影响我们的思维方式，但不会威胁哲学超然的客观性。同样地，科学家也是通过承认自己的方法根本不会依赖个体的怪癖和弱点来消除自己的疑虑的。当然，这也等于承认个性和价值观确实会影响科学家进行科学研究的方式。

哲学传记所起的作用绝不仅仅局限于展现传记主人的个性和偏见。它们还提供了鲜活的事例，以证明为什么此类因素会不可避免地影响我们的思考，从而使其超出了传记的范畴。

任何事件的因果环境都可能是广阔的，并有大量的事物包含其中。但当我们问是什么原因导致了火柴被点燃时，我们并不希望被告知完整的因果环境，我们通常只想听到“它被划擦了”或者“它与一团明火接触了”。

即使一个人避免使用判断语言，他对某些重要事件的选择和对其他事件的忽略也是一种判断。洪德里奇认为，此类判断永远不会只受事实的支配。

我们必须承认，无论判断是什么，无论它在推理过程中扮演何种角色，从这层意义上讲，它都是“个人”的，不同的人所做的判断是不同的，而且期待任何涉及判断的论证能够说服每一位理性主体也是不现实的。

The Edge of Reason
A Rational Skeptic in an Irrational World

第5章 心理学为“非理性”“站台”

如果我们没有一些情感上的欲望，仅仅依靠理性根本就没有动力去往任何地方。

1939年，西格蒙德·弗洛伊德（Sigmund Freud）逝世后不久，威斯坦·休·奥登（Wystan Hugh Auden）写了一首诗来纪念这位精神分析学的奠基人。在诗中，他没有把弗洛伊德描述成精神分析学的创始人，而是把他描述成“我们赖以生存的舆论氛围”。弗洛伊德并不是最早发现无意识的人，但却是将这一概念明确并普及开来的人。这一概念就是有意识的心理只是冰山的一角，大多数欲望和信念并未被那些拥有它们的人注意到。这种氛围的改变没人能否认。隐藏的精神力量在推动我们前进，而我们所谓的理性则给我们讲述了一个更容易接受但基本上是虚构的关于我们所做事情的故事。

现在很多人都对弗洛伊德的理论（也包括一般意义上的精神分析理论）持怀疑态度，但他们普遍接受了无意识极具影响力的观点，这一观点也获得了当代心理学研究的实证支持。实验心理学家可能不太相信弗洛伊德性爱论和死亡论的主导地位——认为性和死亡是人类行为的驱动因素，但他们已经归纳整理出影响我们每一个人的大量思维偏见和曲解。他们或许已经摒弃了弗洛伊德的具体理念，但恰恰是这些内容使他所描绘的人类本性概貌丰满了起来。在这个过程中，我们通过推理来理解我们的信念和事后的行动，但做不到像理性主义者那样理性。那么，我们是必须承认理性仅仅是非理性冲动的遮羞布，还是心理学能够证明理性在人类的思维和判断中所起的重要作用呢？

不爱动脑子的人类

1967 年，菲莉帕 · 福特提出了 20 世纪道德哲学中一个最著名的道德两难困境。一列火车正在铁轨上朝一座狭窄的隧道疾驰而来，隧道内有五个工人正在施工。如果火车继续前进，那这几个人将必死无疑，但没有办法警告他们或停下火车。你唯一能做的可以改变结果的事就是扳动杠杆，将火车引入另一条隧道，但是那样做会导致那条隧道里的一个人被撞死。那你应当扳动杠杆吗？

这个两难困境便是著名的“电车难题”，它充分体现了道德哲学家的想象力，因为它戏剧化地展示了道德思考方式的重要差异。按照结果主义的传统，重要的是创造最有可能发生的最好的结果，而在这个案例中，很显然，扳动杠杆能减少四个人死亡。但按照道义论的传统，结果并不总能证明手段的正当性，因为我们有责任避免某些行为，如杀害他人。电车难题旨在引出我们对结果主义或道义论谁正确的直觉判断。在这种情境中，似乎大多数人都会接受结果主义者的立场——认为扳动杠杆是合理的，因为这样能挽救更多人的生命，即使会直接导致另一个人死亡。

然而，如果你稍稍换一种方式描述电车难题，你就会产生迥然不同的直觉。在另一个版本的故事中，你能让火车停下的唯一方法是把另外一个人推到铁轨上，作为一个铁路专家，你知道这足以让火车停下来。同样的基本道德计算也适用于此：要么干预导致一人死亡，以拯救另外五人，要么任由灾难发生。但在后一种情况下，人们不太可能说正确的做法是推另一个人去死。一般而言，那些尽管不太情愿但还会扳动杠杆的人是不会愿意直接把一个人推到鬼门关里去的。

现在，我们可以检索到大量涉及"电车理论"（trolleyology）的文献和各种解释，尽管无法证明其合理性，但它们针对这个问题的不同版本做出了各种解释。虽然没有哪种解释可以得到普遍认同，但大多数人都承认，导致我们产生不同直觉的一个非常重要的原因是心理学上的，而非任何道德原则。心理学家丹尼尔·卡尼曼（Daniel Kahneman）为我们了解这个问题建立了一个理论模型。卡尼曼很有说服力地指出，我们实际上存在两种不同的思维方式。"系统 1 快速自动运行，几乎毫不费力，没有自主意识参与，"他说道，与此形成对照的是，"系统 2 把注意力分配给需要它付出努力的精神活动——包括复杂计算在内。系统 2 的运行经常与行为、选择和专注的主观体验相关。"用最生动的语言概括起来说，系统 1 是"火爆的"、情绪化的、快速化的思维，而系统 2 是沉着的、冷静的推理。

有些人倾向于认为人类受系统 2 控制、而系统 1 只是偶尔的烦恼——当我们累了、情绪激动的时候会出现的那种烦恼。对于这些人而言，一个令人难以接受的真相是，我们的思维似乎比我们所认为的还要"火爆"。任何激发情感反应的事都可能启动系统 1，而系统 2 的结论只会使其合理化。相反，当把大规模人群作为思考对象时，他们就变成了数字，此时我们便利用起系统 2，不再对他们做出情感上的反应。这就是为什么慈善机构在筹款时通常关注个人故事而非数字。"一个人的死亡是悲剧，而成千上万人的死亡就变成了统计数字。"斯大林的这句名言精确得令人不寒而栗。

再回到“电车难题”上。当我们考虑伤亡数字并扳动杠杆时，这个问题似乎非常现实又非常抽象，所以大多数人会努力通过系统 2 解决它。但当我们不得不想象把某个人推到铁轨上时，这个思维过程会再次触发我们的情感反应。系统 1 乘虚而入，使我们觉得自己真令人讨厌。然而，当被问到为什么我们不应当把这个人推下铁轨时，我们不会说：“我不知道，我只是感觉这么做是错误的。”相反，我们会想出各种理性的辩护理由，比如“把一个人当作达到某种目的的手段是错误的”之类的想法——即使这种做法正是我们准备用在扳动杠杆这个案例中的也是如此。有证据能够证明我们对系统 1 主导的思维的盲从，那就是有关“电车理论”的研究已经开展了几十年，但在此期间几乎从没有人认真对待过这一想法，即有关我们不同直觉的真正解释只是情感上的。

如果我们冷静下来想一想便会发现，事情正在变得越来越糟。卡尼曼和他的心理学同行们通过研究各种文献发现，我们当中最聪明的人都是将自己的工作建立在无意识、非理性的心理过程而不是有意识的理性思考的基础之上的。在涉及思维时，我们所有人在本质上都是懒惰的，依赖于自动处理的经验法则——启发式，这种方法为我们省去了实际计算的麻烦。例如，在最近的一次（英国）选举过后，我在社交媒体上分享了一组统计数字，它显示尽管在全英范围内，只有 7% 的人口接受的是私人教育，但在议会的保守党议员中，这个比例是 48%，在工党中是 17%，在自由民主党中是 14%，而在苏格兰民族党中是 5%。所处的背景不同，从同样的事实中得出的结论就会存在差别，但每个结论似乎都非常符合做推断之人的想法。如果你是政治上的左派，那你没准能不假思索地发现统计数据证实了你的信念，即社会一直给予富裕阶层儿童太多特权。但如果你是保守人士，这一点可能看上去根本不明显。这就是为什么在我的帖子上会有这样的评论：“有证据表明，公立学校 / 公学（public school）教育灌输了一种公共责任感。”这让我很困惑，因为英国的“公学”事实上是名牌私立学校的代名词。但在困惑过后，我豁然开朗，因为转眼之间，我看到了不可思议的事情——私立学校竟然在给它们的学生灌输公民责任意识。当然，我们都知道，由于偏见和先验信念，人们会从事实中得出不同的结论。但卡尼曼想告诉我们的是，我们不这样做的原因是，我们沉静的系统 2 被扭曲了。相反，系统 1 也只是在根本没有真正推理的情况下贸然得出一个结论。

很多书籍都详细描述了我们大脑的各种工作方式，并提供了无数例子来说明其缺乏理性思维——当然，在哲学家的眼里是“理性的”。卡尼曼的著作《思考，快与慢》（*Thinking Fast and Slow*）对于任何对思维过程不了解的人来说都是必不可少的入门级读物。你可能会迫不及待地想买上一本，以为搞清楚了所有这些过程便能驾驭它们。但卡尼曼本人对此持非常悲观的态度。曾经有人问他，我们是否有可能像柏拉图的御车人那样掌控系统 1，他回答道：“锚定效应是为数不多的你能掌控系统 1 的例子之一。”所谓锚定效应是指由于数字旁边或者前面数字的影响，我们会以不同的方式解释某个数字。举例来说，当你拿起某餐馆的菜单点菜时，如果一道菜标价 20 元，而其他所有菜品都是 15 元左右，那你就会觉得这道菜很贵，但如果很多菜的价格都是 25 元甚至更高，你就会觉得这道菜真便宜。很多人都曾试图用这套把戏向我们推销商品，比如，先定一个虚高的价格，然后再标出“打折”的价格。卡尼曼认为，我们可以避免陷入这种陷阱，“通过问一个很简单的问题：那个数字从何而来？如果你怀疑这些数字，那你也许就能摆脱这种错觉。”

然而，即使是这种相对简单的解脱都“需要特别努力”，而在大多数其他情形下，我们几乎是无能为力的。所以即使是卡尼曼，当被问到 45 年的学术生涯是否改变了他做决定的方式时，他也不得不回答：“真的没有，它们的影响非常有限，因为系统 1，也就是那个直觉系统、快系统，真的对改变具有免疫力。我们中的大多数人都与我们与生俱来的感知系统为伍。”

很显然，他的采访者对此并不太相信，并追问道：“那您自己是不是有时会想，‘那是快思维，是直觉，我要检查一下’？”

“偶尔我会这样，”卡尼曼回答道，“但做的不多。当别人犯错的时候，我可以很有效地这么做，但当我自己犯错的时候，我就会忙于犯错而顾不上解决它们。”还有一次，卡尼曼对自己的悲观做了一个总结：“如果我们认为我们的信仰总是有原因的，那往往是错误的。因为我们的信念、愿望和希望并不总是基于理由。”

接纳理性中的非理性力量

颇为有趣的是，我们对这些发现的哲学反应本身就受锚定效应的影响。此处的锚便是我们的先验假定，涉及我们的思维中有多大比例是有意识的和合乎逻辑的。如果我们认为大多数思维过程都是如此，那么源自心理学的消息将看起来非常糟糕。但如果我们能对人类的理性更加温和，并且习惯了非理性力量几乎无时无刻不在塑造我们的思想，那么我们的信念便不太可能被动摇。

更为重要的是，如果我们狭隘地看待逻辑和形式推理所定义的理性，那么系统 1 将成为一个无法忍受的闯入者。但如果我们有广泛的理性观，那我们或许不会那么快就把系统 1 看作理性纯粹的敌人。卡尼曼本人似乎也倾向这种观点。“人是很有理性的，”他曾经说道，“人绝不是非理性的——我真的很讨厌非理性的说法。”怎么会这样？

关键在于有意识的、系统化的理性可以允许某些无意识的、自动的机制加入进来。换句话说，对于通常被认为是非理性的事物，可能有理性的理由，即使它不涉及有意识的推理。在此，我们以一个非常精彩的小说情节为例，在 D. H. 劳伦斯（D. H. Lawrence）的短篇小说《木马赢家》（*The Rocking Horse Winner*）中，一个孩子反复且笃定地支持胜利者，却不清楚为什么自己知道哪匹马能赢，显然，他的选择也没有任何合理的理由。正如我们所知道的，从长期的角度来看，即使是预测专家也很少会有比碰运气更好的表现，这样说来，听从这个男孩的建议，难道不比跟着其他人下注更理性吗？理性告诉我们，他是比其他任何人都可靠的预测专家，所以即使不能清楚地了解他的思维过程，我们也会遵从他的建议。

在现实生活中，此类事情的最佳例证是，有时候，我们会因某件事给人的"感觉不好"而不去做。理论上讲，有时一切事物看上去都是那样美好，但某件事会让我们变得警觉起来，而且我们并不知道到底是怎么回事。我们不必相信这种直觉是绝对可靠的，也不必认为这件事一定值得关注。只要我们有充足的理由相信，当我们在这种情形下以这种方式思考时，的确表明出了问题，那么我们就有理性的理由跟随我们的直觉，尽管这种直觉本身并不是理性思考的结果。

为什么系统 1 并不总是理性的敌人，现在应当很清楚了。它的存在和发展是因为当我们没有时间坐下来全面思考问题时，我们经常需要做出快速、仓促的判断。启发法是认知上的快捷方式，如果它们经常"失灵"，便不会被保留并得到发展。问题在于，它们是如此根深蒂固以至于我们经常发现，即使当我们不需要快速、仓促地解决问题时也在使用它们。但这并不是说没有它们我们就会变得更好。每件事是安全的还是危险的，是冒进的还是明智的，是公平的还是不公平的，都需要迅速地判断。如果我们尝试着不使用任何启发法生活一天，那我们就会陷入混乱状态。如果系统 2 成为主角并思考这个问题，它当然会倾向于保留系统 1，因为没有系统 1 它也无法存在下去。这可能远远谈不上完美，但想要使用系统 1 本身就是理性的表现。

关于为什么"火爆的"思维与冷静的思维是互补的而不是相互冲突的，还有另外一个原因。让我们重拾电车难题。下面是很多人的想法：通过牺牲一个人的性命来保住五个人的性命是理性的选择；由于需要把一个人推出去送死，因此当我们拒绝这样做时，个中原因是我们的情感正在模糊我们的判断。但为什么我们要假定最佳的道德判断一定是冷静的呢？的确，我们有各种理由认为它不是。

首先，我们将在第 7 章中看到，我们有充分的理由认为道德并不是根植于纯粹的理性原则之中，而是植根于“道德同感”或同理心中。正是由于我们同情别人，在情感上关心他们，我们才有充分的理由做到品行端正。稍后我们还会深入探讨这个问题。

其次，我们有理由相信，那些倾向于通过一切必要手段最大化善行的人，往往存在道德缺陷。这一点与谁占据道德制高点无关。心理学家丹尼尔·巴特尔斯（Daniel Bartels）和戴维·皮萨罗（David Pizarro）开展了一项研究，将各种形式的电车难题呈现在人们面前。他们发现，“那些认可功利主义解决方案的参与者在精神病性、马基雅维利主义和生活空虚等方面得分更高”。这暗示了“一个与直觉相悖的结论，即那些最不容易犯道德错误的个体，同时拥有一套在很多人看来典型不道德的心理特征”。

注意这里我使用了“道德错误”一词，可能会让你们感到疑惑，它假定情感扭曲了正确的道德判断，而实际上情感是道德判断的必要条件。我们确实有充分的理由认为道德推理确实需要情感的投入，但这些投入却会妨碍试图使道德成为明确规则与原则的各种努力。如果能找到一篇学术论文来支持某一论点，那自然再好不过，但在除了通用经验数据没有证据可用的情况下，我们还是可以看到，在以下两种行为方式之间经常存在一种矛盾：一是始终根据通过计算得出的能让大多数人获得最大福祉的方式采取行动；二是根据一种与体现爱与关心的积极情感保持一致的方式行动。在这方面最明显的例子便是父母的爱。如果父母们平等地考虑每个孩子的利益，也不给自己保留特权，世界会变得更美好吗？答案似乎是否定的。而且由于父母们把大量的爱倾注给了自己的孩子，那些本可以挽救一名饱受疟疾折磨的儿童的金钱，却花在了自己孩子并不需要的无聊玩具和零食上。

消除这种矛盾的方式尚不明了，但我认为大多数人可能会接受一点，那就是需要平衡火爆的理性与冷静的理性，而不是消灭其中一种。而且火爆的理性确实名副其实。按照理性生活的要求，我们需要对生活中无意识的、非深思熟虑的和情感的方面给予应有的重视，这不仅取决于现实目标，也取决于道德目标。帕斯卡曾经说过一句很有名的话："人心自有其理，而理性对此一无所知。"这句话暴露了一个非常普遍的狭隘观念，即理性是什么，它又能理解什么。心理学揭示了我们有关内心理智的冷静的认知理性。这意味着我们是最早能够判断自己应该接受哪些理性，以及应该挑战哪些理性的一代人。当然我们也发现，有时我们自动的、情感上的反应是错误的和带有误导性的，但它们并不总是如此。正如心理学家丹·艾瑞里（Dan Ariely）在评论卡尼曼的研究成果时所说的："我们都是有局限的，我们都是不完美的，我们都存在各种形式的非理性。但我们可以建立起一个与这种现状共存的、能帮助我们做出更好而不是更糟决定的世界。这就是我的希望所在。"当然，这也是我的希望。

理性有性别之分吗

我认为，我们应当接受这样一个事实：我们的理性并不纯粹，其会受到各种形式的心理因素的影响。但如果这些影响在不同的人群中呈现系统性的差异，尤其是如果我们的思维方式因性别而异，情况会如何呢？难道我们必须放弃中性的理性形象，转而思考男性化和女性化的理性吗？

法国哲学家吕斯·伊里加雷（Luce Irigaray）认为我们必须这样做。她曾说过："男人和女人并不是通过同样的方式发展语言和结构化话语理论的，而且如果未能首先意识到此类差异，他们便不能相互理解，甚至不能倾听对方的意见。"伊里加雷有关两性存在思维方式差异的论点目前并未得到广泛承认。围绕这一主张的争论，完全集中在这些典型差异是源于生物学还是文化，抑或是两者的某种混合。甚至那些声称男性和女性大脑存在固有差异的人，例如英国心理学家西蒙·巴伦－科恩（Simon Baron-Cohen），都强调这些差异并不是最典型的。他说了一句令人困惑的话：“并非所有男人都拥有男性大脑，也不是所有女人都拥有女性大脑。”伊里加雷认为这是不可能的。

“无论是男人还是女人，都并不会简单地对应某种生理特征或社会刻板印象，”她说道，“其对应的是一个关系身份。这个关系身份是存在的。但它不同于‘一个女人生了一个女孩’，而是对应同一性别——能够变成一位母亲，能够成为一个在本质上与他人相同的人，一个自我欣赏的人。”这或许是精神分析理论对伊里加雷思想影响的表现：她是受拉康学派影响的分析师。对她而言，女人生于同性，而男人则并非如此，这一定会产生至关重要的作用。“在一个男人一生中最早的重要他人，”她写道，“是一个女性化的、母性的人。”

在我采访她时，我暗示说，可以说在某种程度上，我根本没有“看见”她，因为我们的观点并不相同。她也表示赞同。“在这一刻，虽然我们在同一个地方，居住在同一个空间与时间、同一个国家，拥有同一种文化、同一种语言，但在某种程度上，这只是一个幻觉。”

伊里加雷的观点给人以很极端的感觉。坦率地讲，她的观点并未得到什么有力的心理学证据的支持。值得庆幸的是，在任何严肃的学术研究领域，那种实际存在的性别隔离——男人和女人各自使用属于自己的理性模式——都未被常规实行。例如，女权主义者的哲学并没有独立于所有其他哲学领域之外。女权主义对认识论（有关知识的理论）的批判之所以有其影响力，是因为它表明，由于对性别的扭曲认识，认识论缺失了一些东西，而女权主义正试图纠正这种扭曲。如果这种批判意味着宣称存在男性认识论和女性认识论，并且两者都应该管好自己的事，那么这种批判将不具任何力量。

如果我们希望理性充分发挥效力，那它必须在实质意义上追求某种普遍性。我将在下一章对此进行深入探讨，但就目前而言，至少应该清楚的是，如果一个论点得不到一半的人支持，那它肯定不是一个理性的论点。因此，承认男性和女性的理性是分开的且不可调和的这样极端的主张，就是在放弃理性。上述论调似乎也有违常理，因为有大量例子表明，知识和理论明显是跨性别的。科学是最明显的例证：牛顿定律对所有性别都适用，女性不能仅仅因为是男性写下的描述重力的方程式，就能从重力中解脱出来。

然而，如果我们想要正确地思考的话，意识到性别可能会在很多方面影响理性的使用是至关重要的。说理性在本质上是中性的，并不是要否认这一点。与其他学科相比，没有哪个学科表现得比哲学更明显：在这里，女性的代表人数尤为不足。最新的系统化研究表明，尽管英国近一半的哲学本科生都是女性，但到博士阶段，这一比例就降为了 30%；女性在长期和初级讲师中的比例为 21%，而在教授层次上，这一比例仅为 15%。美国的情况也非常类似。

说很多人对此不满意已经是很保守了。萨莉·哈斯兰格（Sally Haslanger）描述了她进入哲学领域后感受到的酸甜苦辣：

> （我的）女权主义意识开始萌芽，我当时认为，我的课程或我的老师们推荐的阅读书目不会过多地涉及女性。但考虑到女权主义运动的重要性，我想事情肯定会发生变化。我现在已经评上了教授，并在（联合国）妇女地位委员会努力工作。我还曾在其他论坛上努力工作过，比如女性哲学工作者协会（SWIP），致力于保障女性的利益。但在 30 年后，我发现这方面实际并无太大变化，这让我感到很伤心。

哈斯兰格、瑞伊·兰顿（Rae Langton）、珍妮弗·索尔（Jennifer Saul）和海伦·毕比（Helen Beebee）等哲学家并不认为这是因为哲学本身是“男性化的”。

相反，他们看到了这个问题的心理学根源。“大量的实证研究表明，几乎所有人都对某些受到歧视的群体抱有偏见，比如黑人、同性恋者、妇女、残疾人等，”索尔说道，“这些偏见都是在无意识层面活动的。它们通常与一个人明确的、有意识的信念背道而驰。这些人可能毕生都在与种族主义和性别歧视做斗争，但一些实验测试显示，他们确实存在这些偏见。而且即使是了解这一点的心理学家，也会受这些偏见的影响。”

其中一个偏见是刻板印象威胁，索尔对此做了解释：

> （刻板印象威胁）是指当一个受歧视群体的成员在某一特定区域面临一种被称为威胁激发的情境时，他们会专注于确认针对自己群体的刻板印象威胁，从而导致他们的实际表现不佳。这也是为什么黑人学生在任何智力测试中的表现都不好；那些在数学考试前被要求在性别框中打钩的女性的表现也好不到哪去，而如果一个五岁的女孩先给拿着洋娃娃的女孩的照片而不是日落的照片涂色，那她的数学成绩会更差。任何可能会让你想到针对你的群体的刻板印象的东西，都会导致你在该领域（你的群体已经被贴上了表现糟糕的标签）表现不佳。

哲学在克服这些偏见方面不如其他学科成功的一个原因可能是，哲学的自我形象实际上使哲学家更容易受到伤害。“哲学家们与客观性存在一种特殊关系，”索尔说道，“我们认为自己比其他人更好、更理性。很明显，人们不善于判断自己的客观性，并且系统性地高估了它。但有趣的是，也有研究表明，一个人考虑自己的客观程度会增加偏见，而不是减少偏见。如果你试图形成一个不带偏见、不受性别和种族影响的明确意图，那你实际上会更容易受这些东西的影响。”

因此，从某种意义上说，哲学之所以“不善于”让女性参与进来，是由于（不是尽管）它强烈希望保持性别中立。哈斯兰格解释说：“许多哲学家认为，为了客观，你必须做到价值中立，不做价值判断，而女权主义的本质并不是如此。”

> 时至今日，仍有很多哲学家认为女权主义哲学或女权主义认识论存在内在的矛盾。但我认为，我们要实现的一个客观目标是获得观察某个现象的多维视角，以便你能更好地理解它。如果你对某种现象只有单一的观点，那你很难不受偏见的影响。我认为，女权主义者已经表明，当代西方和整个哲学史上的知识实践都是互斥的、存在问题的，并且以牺牲其他知识为代价优先考虑某些知识，这反映出一种偏见。所以我们想说的是，我们可以通过让女性和女权主义者参与到这个对话中来实现更大的客观性。

我所做的解释肯定无法和哈斯兰格与索尔的水平相提并论。他们强有力地解释了为什么心理学不戳穿理性是中性的这一谬见，而只是指出其在实践中种种并不中立的表现。女性在哲学领域的境况也诠释了另一个经常被忽视的理性特征。然而，为了使理性蓬勃发展，我们必须在适当的环境中实践理性。令人遗憾的是，就在这个理性被给予最高尊重的地方，却经常缺乏理性。因此，举例来说，为了让哲学实现其所有最熟练的实践者的理性投入最大化，它需要创造一种所有人都能平等贡献的环境。许多人怀疑这实际上就是我们所看到的。毕比指出：“此类激烈的讨论你通常会在哲学研讨会上见到——我指的是教授和研究生级别的讨论，但在某种程度上，在本科生的讨论中也能见到。我认为在研讨会上，至少根据我的大量经验判断，听众对演讲者有一种非常敌对、对抗的态度。就好像我们正在进行战斗，我希望在战斗中打败你，赢得胜利。这可能是一件非常令人扫兴的事情。”

一些人反驳说，这一建议会损害女性的利益，因为它暗示她们还没有达到一流哲学的水平。毕比拒绝接受这种指责：“必须指出的是，实际上我并没有发现有这么一群人，他们相互攻击并试图轻松赢得胜利，我不认为这么说是在贬低我自己。我想说的是，女性不能在这一学科有所作为的原因在于，这门学科的本质被误认为是哲学家们容易陷入的某些社会互动的偶然性。”

毕比的核心观点是，哲学辩论富有攻击性的本质必然会对任何发现自己属于少数群体的人不利。“如果你对一个被边缘化的群体表现得非常咄咄逼人和富有竞争性，那他们会感到很不舒服，即使他们和你一样争强好胜。”

兰顿强调了一个比研讨会风格更糟糕的问题。“你一定不要忽视很多女性在哲学领域遭遇到的真正麻烦的程度，”他说道，“最近在一个新博客上涌现各种问题，‘哲学圈子里的女性是什么样子的？’很多故事都涉及部门聚会上发生的性骚扰和强奸未遂的恐怖情节。”对于那些错误地认为哲学在本质上是自我完善的人来说，该博客中充斥着令人深省的内容。一位女士谈到，一位男教授在参加一次会议时和主办方说的第一件事就是：“帮我找一位可以‘玩玩儿’的研究生。”另一位女教授则回忆起她的男上司对她说过的一番话，尽管她发表了一大堆论文，但晋升前景依然不乐观。他指着她怀孕的肚子解释道：“我认为这不是一个好主意。”这位女士机智地回答：“这根本就不是一个主意，这是一个概念。”①然后转身离开了。对于哲学领域的女性来说，问题不在于理性是不是男性化的，而在于太多的男性并不像他们认为的那样善于运用理性。

不做只会一招的小马驹

乍一看，丹尼尔·卡尼曼对系统 1 和系统 2 的区分，似乎与柏拉图的讽喻“人类灵魂的御车人”有颇多相似之处。那匹尊贵的马当然代表我们的理性部分，而那匹桀骜不驯的马则代表了我们的非理性欲望与冲动。这个讽喻蕴含了真理的萌芽：我们并不仅仅受智力的驱使，我们更本能、更直观的反应经常使我们误入歧途。但对于我们走在正确的道路上来说，它们也是必不可少的，因为我们有意识

① 原文此处 conception 用作双关语，它既有概念的意思也有怀孕的意思。——译者注

的、深思熟虑的那部分官能根本无法处理行程中的每个细节。正是它们给予了我们急需的动力，如果我们没有一些情感上的欲望，仅仅依靠理性根本就没有动力去往任何地方。

现代心理学是卑微的，特别是如果你相信仅仅通过理性便有可能驱动人类灵魂的马车时更是如此。但如果我们希望更现实一些，那我们需要一种不同的比喻。柏拉图的马车和马过于简单又过于复杂。说它简单是因为理性和情感并没有清晰的界限，而且为了变得更加理性，我们不应当试图抑制我们思想中那些不在深思熟虑之列的东西。柏拉图的问题在于，那匹尊贵的马的品种太纯正了，只能在其传统的、狭隘的意义上使用理性。

说他的比喻太复杂，是因为即使是卡尼曼也仅仅将系统1和系统2描述为“虚构的角色”，而不是“标准意义上由具有相互作用的层面或方面的实体组成的系统”。所以我们最好不要把人的灵魂看作由两匹完全不同的马和一位御车人组成的系统，而应将其看作一匹马，它携带了各种认知工具——从涉及意识的、系统化的和协商的工具到涉及习惯性的、无意识的和表达情感的工具。正如我在本书“第二部分：理性的指导原则”的开篇所建议的那样，为了避免狂妄自大，我们应当将这头动物想象成一头骡子而不是一匹纯种马。我们的理性是一种稍稍有些混乱的东西，它无法只在逻辑的形式化过程中被捕获。因此在很多方面，我们的骡子都优于柏拉图的纯种马。因为在他的讽喻中，纯种马无法将理性和情感结合在一起，而我们可以做到。我们最好做一头技能压身的骡子，而不是一匹只会一招的小马驹。

本章小结

我们当中最聪明的人都是将自己的工作建立在无意识、非理性的心理过程而不是有意识的理性思考的基础之上的。在涉及思维时，我们所有人在本质上都是懒惰的，依赖于自动处理的经验法则。

如果我们认为我们的信仰总是有原因的，那往往是错误的。因为我们的信念、愿望和希望并不总是基于理由。

如果我们狭隘地看待逻辑和形式推理所定义的理性，那么系统 1 将成为一个无法忍受的闯入者。但如果我们有广泛的理性观，那我们或许不会那么快就把系统 1 看作理性纯粹的敌人。

只要我们有充足的理由相信，当我们在这种情形下以这种方式思考时，的确表明出了问题，那么我们就有理性的理由跟随我们的直觉，尽管这种直觉本身并不是理性思考的结果。

如果我们想要正确地思考的话，意识到性别可能会在很多方面影响理性的使用是至关重要的。说理性在本质上是中性的，并不是要否认这一点。

纯种马无法将理性和情感结合在一起，而我们可以做到。我们最好做一头技能压身的骡子，而不是一匹只会一招的小马驹。

The Edge of Reason
A Rational Skeptic in an Irrational World

第 6 章 接受理性的指导

没有什么理由是完全客观的。相反，我们的理解越不依赖于我们的观点、推理、概念框架和判断力的特性，它就越客观。

我们有很多理由摒弃理想化的理性，即认为其是客观的、公正的最高统治者，能够带领我们寻找真理。正如我们已经看到的，在涉及有关宗教乃至科学的重大问题时，理性并不能为我们决定我们应当相信什么。理性主体可能会在很多方面达成一致，但是在得出结论时，总是会有一些判断的成分，不能被简化为任何类似于逻辑算法的东西。我们的思维方式深受我们的个性、承诺和价值观的影响。很多非协商性的因素会影响我们的推理过程，因此，相信我们可以完全克服这些因素也是不现实的。

如果我们把理性想象成我们绝对的主宰，那么根据上述考量去废黜它可能是正确的。但流放我们昔日的最高统治者并不意味着要消灭他。为了弄清楚如何最好地处理我们非全能的领导者，我们需要稍稍思考一下我们对领导角色究竟期待什么。

问题在于，我们希望理性能站在一个享有特权的、外在的和公正的立场上提供指导。这是一种名为“他律”的规则：来自我们自身之外。即使没有非常人格化的表述，理性至少也是可以具体化的——它可以转化为一个有生命的抽象事物。从这个角度讲，所有我们要做的就是找出理性的要求，并付诸实践。但我们又不能这样做，因为理性是人类的一种能力，它由主体创造并受到主体的限制。我们可以制定存在于我们之外的逻辑法则，甚至提出某些归纳推理的原则，但为了实际使用理性，我们无法将推理者抛诸脑后。

因此，理性必须是自主的，而不是不自主的。它必须是我们完全拥有并用于自身的某种东西，我们也必须对如何使用它负责。不过在这个问题上，存在自相矛盾的情况，康德对理性自律的表述就说明了这一点。康德指出，当我们进入推理过程时，我们决不能屈服于任何外部权威，而必须独立思考。只有这样才能维护人类个体的尊严。不过，与此同时，康德还认为，如果我们是真正地为自己思考，那我们将会看到理性的要求并自愿地服从它。因此，当一个人因为老师说“1+1=2”而接受“1+1=2”的时候，他的思维是他律的，而当他理解了“求和”与为什么“1+1=2”时，他的思维就是自律的。在这种情况下，一种形式的服从被另一种形式的服从所取代了：我们屈服于理性，而不是那些告诉我们该怎么思考的人。

因此，我们可以把康德的自律看作另一种形式的他律，其中，外部权威不是人，而是理性自身纯粹的、抽象的本质。但我理解的理性自律不止于此。我们必须承认，理性并不是存在于我们自身之外的，而是就在我们的内心发挥作用。理性也并不是一位我们能把自己简简单单托付出去的向导，不需要我们做什么决定，就能带领我们踏上寻找真理之路。理性是一位给我们提供信息但不支配我们的内部向导，而不是一位帮助我们做决定的外部向导。虽然如此，康德的思想依然具有重要意义，因为在某种意义上，理性确实要求我们接受他律的要求。如果我们的向导仅仅是某种不重视外部世界残酷现实的自决形式，那么它就毫无用处。当我们面对有关信念的论据或给定理由时，事物发展的真实进程会决定它们是理性的还是非理性的。简而言之，如果理性不追求客观，那它就没有意义。这就是理性的他律层面，它为我们揭示了理性的本质：理性论证应当被定义为"为信念提供客观的理由"。

客观地看待理性的客观性

考虑到我一直在探讨的内容，对客观性的要求似乎为理性设置了过高的标准。难道客观性要求的不正是那种我始终在探讨的、不带个人色彩的且超出我们理解范围的确定性吗？但正如我所指出的那样，我们需要一个更为恰当的理性概念，因此，我们有关客观性的概念一定不能过于严格，以至于我们都无法理解。事实上，我们已经拥有了我们所需要的那种非常现实的客观性概念。它是由托马斯·内格尔（Thomas Nagel）提出的。

内格尔将一个难以企及的理想的客观性描述为同义反复的"本然的观点"（view from nowhere）。按照这样的描述，它的不可能性是不证自明的，当然它并不总是被这样设想的。客观性通常被描述为站在上帝的角度看问题，它没有明显的矛盾，这个概念的隐喻性很强，以至于从字面上根本就不清楚是什么意思。

内格尔反对那种强烈的客观性，这种强烈的客观性的最可信版本抛弃了"本然的观点"这一隐喻。一个客观事实或客观记录在任何时候对任何人都应当是真实的——不管他们持有多么特别的世界观。或许，人类表达此类客观事实的最具野心的尝试就是 1972 至 1973 年由两艘“先驱者”号宇宙飞船发射的镀金铝板。这两艘飞船是第一批被送到太阳系之外的人造机器。科学家们的想法是，如果飞船被外星人拦截，这些铝板将使他们了解我们是谁以及我们来自何方。

铝板的设计者试图理解伯纳德·威廉姆斯（Bernard Williams）所谓的概念和表现风格，“这些概念和风格基本不依赖于我们自己或任何其他生物理解世界的独特方式，从而能够以一种真正客观的方式开展交流”。而人类的语言无法实现这一点，因为拥有相同口头语言和书面语言的我们都无法相互理解，更不用语言不同的外星人了。所以，他们选用了图像、图表和数学符号（如图 6–1 所示）。图 6–1 中有一男一女，还有一张宇宙简图和一张表示氢原子超精细跃迁的图，图中还附有二进制数字。

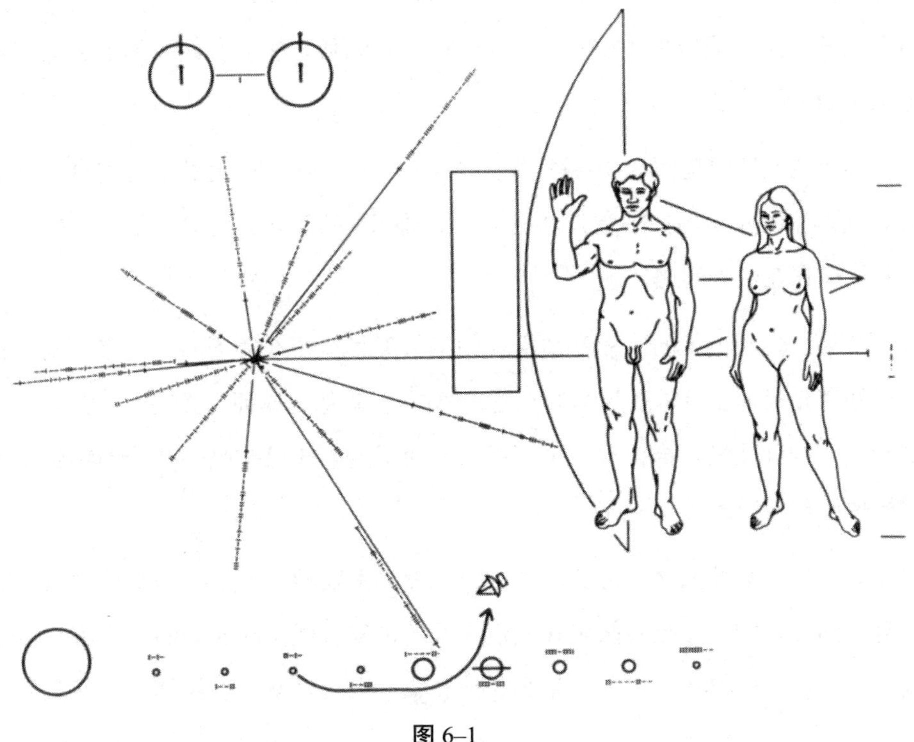

图 6–1

不过，这个设计思路背后的推理过程是，不管外星人与我们有多么不同，如果他们有智慧，他们必定熟悉氢——宇宙中最丰富的元素，而且他们必定掌握某些数学概念，这似乎是理解大自然的基础。尽管他们可能会用不同的方式来表示这些事物，但他们很有可能能够理解我们向他们展示的整个示意图。

外星人能否理解铝板的含义还没有定论。至于他们为什么可能知道摊开双手代表欢迎，只是最显而易见的问题。例如，宇宙示意图中有一个箭头。对我们而言，这个箭头的意思似乎是不言而喻的，以至于我们都忘记了它今日的无所不在完全取决于这样一个事实：它首先被辨识为猎人手中真实箭矢的象征物。在人类的历史条件下，再也没有比"→"更能客观地表示一个类似指针的东西了。但如果外星人不知道我们人类的这段历史，那我们就不能寄望于他们能明白类似"→"的标志是指引方向的。甚至更为基本的问题是，为什么我们要假定外星人会十分清楚这种视觉标记的重要性呢？如果他们没有眼睛，那他们甚至都不会注意到铝板上有明显的信息。

虽然我们可能无法想出一个真正客观的交流方式，但铝板上的信息还算不上客观且得体的表述吗？毕竟，氢是宇宙中最基本的元素，而数学是通用的。不过这种回应存在两个问题。

第一，我们很难彻底相信最客观的宇宙图景是什么样子的。以氢为例，我们已经知道元素远非宇宙最基本的"建筑模块"。就像人体拥有黑胆汁、黄胆汁、黏液和血液四种体液一样，对一个高级文明而言，谁知道按照元素分解物质是不是同样原始和误导的呢？

第二，从某种意义上讲，这种回应是偏离主题的。即使我们掌握的事实确实是客观的，它们也总是被限定在我们人类的理解方式（即我们的语言和我们的判断力）之内。这意味着，即使是客观的事实，也永远不会以其纯粹、客观的状态被感知到，而总是被透过人类的视角来看待。即使事实本身处在真正客观的状态，其也不得不通过某个视角才能被观察到。

这使得绝对客观性变得不可企及，不过我们没有必要绝望，相反，我们应当思考某种事物如果不具有绝对客观性是否有意义。此时可以借鉴内格尔的思想。内格尔认为，知识并没有被明确地划分为客观的和主观的。相反，呈现在我们面前的是一个知识范围，其两端是绝对客观和绝对主观，中间则是不同客观或主观程度的知识。

我们的理解力的主观程度取决于我们的观点、推理、概念框架或判断力的特质。理解力对这些因素的依赖程度越低，它就与无法实现的“本然的观点”靠得越近，也就会越客观。客观性的价值在于，它使我们摆脱了片面的主观性观点，这些主观观点不仅折射出我们的偏见和偏好，还限制了我们的理性和经验。从这个角度理解，我们可以看到“先驱者”号飞船携带的铝板是如何展示知识的。这些知识不仅代表人类的理解，还具有高度的客观性。或许我们没有找到一种客观到让所有外星人都能理解的表现形式，但至少它们不需要先成为人类才能理解。因此，无论是铝板的内容还是它的表达方式都具有高度的客观性。

当我们说理性论证是为信念提供客观理由时，我们需要用到客观性的概念。它意味着我们可以通过分享我们自己独特的观点，诉诸不依赖他人的理由，从而使它们拥有力量。它并不意味着诉诸这样一种形式的理由，即任何地方的任何智慧都能看到它们的力量。

在这一点上，值得注意的一件事是，“客观”经常被我们当作“真实”的同义词，或至少隐含着这层意思。这是错误的。当我们说一项记述、一个理由或一份观察报告是客观的还是主观的时，我们说的是它的特性而不是真实性。我可以真实地报告我的主观体验，譬如说我感受到一丝烦闷；我也可以虚假地报告一个客观事实，譬如两个行星之间的距离。一个主张的客观性程度只与其不被理解的程度有关。这就是为什么说我们可以说“客观事实”，而不能说某种表述是“客观的”。

理性和客观性通常被视为天然的伙伴。但在我看来，它们之间的联系比上述表述还要密切。理性论证就是为信念提供客观理由，这种理由包括证据和辩论活动在内。这是一个有关理性的审慎而普遍的定义。它允许一个论证既是理性的，又是错误的，这种姿态无疑是正确的：非理性辩论的人和理性辩论但会犯错的人是有区别的。这个空间也是非常广阔的，完全可以把理性的演绎层面和非演绎层面包容在里面，并吸引那些认为理性论证的目标是追求真理的人，以及那些认为并不存在“真理”的人。我将在本章末尾对此做进一步说明。首先，我将详细论述我们可以如何识别那些客观的理由和论据。我认为它们有五个关键特征：可理解性、可评价性、可辩驳性、利益中立和不可抗性。

客观的五大特征

可理解性

艺术欣赏通常被认为具有典型的主观性。尽管如此，一些判断无疑比其他判断更客观。例如，思考一下我们该如何评价戈雅的绘画作品《被埋了一半的狗》（*Half-submerged Dog*）。你可以说“我喜欢它”或“它让我感觉悲伤”。这些评论并未告诉我任何与这幅作品有关的事。如果我和你有相同的反应，那么你的评论只是碰巧描述了我的感受，但如果我们的反应不同，那你的评论只是告诉了我你的感受如何。但如果我给你施加压力，你可能会多说一些。你可能会指着狗的眼睛并评论道，它似乎流露出一种听天由命的无助感——一种被巨浪滔天的画面加重了的感觉。一只狗竟然会加重你的感伤，这足以使你陷入沉思——因为我们在某种程度上感受到了所有生命在面对大自然时的那种无可奈何的状态。

在这样的评论中，我们离完美的客观性还差得很远。但很多人会发现他们自己依然在黑暗中前行，这类言论显然正朝着更客观的方向发展。客观性的这个特征在于，它可以从一个特殊的观点转化为一个更为普遍的观点，一个可以被共享的观点。从报告纯粹的个人反应到描述作品本身的特征并解释它们为什么会引发这样的反应，是一个从个人到更普遍的转变。这种转变的一个关键特征是，在更客观的解释中所提供的术语，原则上是任何理性主体都能理解的，而不是只有某些类型的理性主体才能理解。

不要将这一点与清晰度或难度混淆。理论物理是我们所拥有的最客观的科学之一，但在外行人的眼中，它很神秘且难以理解。说某件事“原则上”是可以理解的，并不是说每个人都可以通过智力、知识或勤勉的努力去理解它。此处“原则上”的意思是指，除了智力、知识和努力之外，不会再有任何理解上的障碍，而在现实世界中，这些障碍确实会阻碍许多人的理解。

如果我们认真思考如何更为广泛地使用“客观”一词，就可以看到可理解性便是其核心所在。检查和评价学校和企业便是很明显的例子。当每个人都非常清楚标准是什么以及如何对其进行评价时，检查就可称为客观的；而当没有办法知道怎样做才能获得高分或避免被扣分时，它就会被批评为主观的。在其他条件相同的情况下，任何描述或解释越容易理解，就越客观。

可评价性

可理解性是客观最基本的特征。然而，一个理性论证可以被任何理性主体所理解还不够，它还必须具有可评价性。如果在原则上没有办法让其他人判断一个人所主张事物的真实性，那么它依然处在主观范畴之内。正如迈克尔·帕特里克·林奇所言，客观性“是建立在普遍观点之上的对评价的开放性”。

从某种意义上讲，这是可理解性标准的延伸。让我们再思考一下检查的例子。很显然，“干净”或“记录保持良好”之类的标准足以使我们了解它们大体意味着什么，但若要在特定环境中真正理解它们，你还必须知道如何判断它们是否已经得到满足。了解如何评估条件是否得到满足是了解条件是什么的重要组成部分。

然而，有时我们拥有可理解性但没有可评估性。这也是我所讨论的艺术欣赏只能达到有限的客观性的原因之一。例如，如果我并没有从狗的眼睛里看到绝望，那你没有办法评价到底是我错了，还是你的情感泛滥了。与其他种类的判断相比，我的判断在其可以被理解的层面上是客观的，但在并无明确方法评价其正确性的层面上则缺乏客观性。

在可评价性和可理解性之间还存在一种重要联系。任何客观描述都具有的一个关键特征是，其中的一切都是公开的。每当人们诉诸内心信念、神秘启示或来自权威的绝对命令时，他们总是通过隐藏辩护的关键要素来回避客观性审查。而客观描述要求你什么都不隐瞒。这意味着让你的证据和论据接受最具客观性的审查，换句话说就是确保它们可以被任何理性主体理解和评价。

在我解释理性为何物的过程中，引入理性主体的概念使我陷入了循环论证，可能有人会对此表示反对。在某种程度上讲确实是这样，但循环论证并不是邪恶的。理性主体是可以理解并评价客观论证的人，如果某个客观论证可以被理解并评价，那它就是理性的。这些术语是关联在一起的。词语只能通过其他词语来定义，因此定义总是以兜圈子结束。被一个人斥为“兜圈子”的东西可能被另一个人称为“语言整体论”。

有一种理念认为，任何人都应当有能力评价针对客观事实的主张。这一理念源自古希腊西方哲学的一个深层次假定。这个假定是，哲学论断与神学论断的区别在于，哲学家在提出哲学论断时，并不求助于证据和论证本身以外的任何权威。

然而，事实证明，详细而准确地说明可评价与不可评价之间的区别是极为困难的。大卫·休谟设法将可评价的事物划分为两类，即“观念的联结和实际的真相”。观念的联结是指“几何、代数和算术等科学”，我们可以为这些学科增加形式逻辑。这些学科内的主张可以“在直觉上或者经论证是确定无疑的”。与之相对的是，实际的真相是通过经验来证明其真实性的。然而，休谟对我们如何证明这一点几乎只字未提，他主要关心的是我们如何建立因果关系的问题，所有关于实际的真相的推理似乎都是建立在因果关系之上的。

在 20 世纪初，人们尝试设计更为可靠的实验来验证什么是实际的真相，而不仅仅是推测。维也纳学派所谓的逻辑实证主义者提出了各种版本的证实原则，根据这些原则，只有通过某种实证方法来证明命题的真实性，命题才有意义。因此，可评价性也就变成了可证明性。卡尔·波普尔后来提出了镜像替代的概念，认为只有能够被证明是错误的理论才称得上是科学，那些不能够被证明的理论都不能算作科学。

证实主义和证伪主义之所以失败，在很大程度上是因为它们是“自我挫败的”。没有办法证明证实原则为真，也没有办法证明证伪原则为假。因此，按照它们自己的标准，它们都是毫无意义的或不科学的。然而，在拒绝这些为可评价性概念增加新鲜内容的尝试时，我们决不能抛弃其极为重要的基本框架。证实主义和证伪主义虽然走得太远了，但它们前进的方向是正确的。

阿尔弗雷德·艾耶尔将自己的逻辑实证主义理论带到了英国，他的著作表明该流派已经非常接近问题的症结所在。在《语言、真理与逻辑》（*Language, Truth and Logic*）一书的前言中，艾耶尔写道：“我所需要的经验假设不在于它应当最终可证实，而在于某种可能的感觉经验应当与其真伪的确定密切相关。如果某个假定的命题不能满足这一原则且不是恒真命题，那么我认为它是形而上学的，既不为真也不为假，而是毫无意义的。”（放在英国当时的经验主义环境下，我们需要把“感觉经验”理解为包括从科学上搜集的所有经验证据，而科学在根本上又被理解为建立在依赖感觉经验的观察数据的基础之上。）

经验主义假设的要求是“某种可能的感觉经验应当与真伪的确定密切相关”，这是一个极其“谦卑”的要求，远远不能满足证实或证伪的需要。但假如艾耶尔坚持这种“谦卑”，他就不会迷失在“黎明前的黑暗”中，本来应当大放异彩的《语言、真理与逻辑》一书现在基本上被忽视了——在大学生的阅读书单上已经很少能看到它的身影了。但与此同时，这种谦卑也意味着这本书不可能在出版后大火，从而使其作者成为那一代最杰出的哲学家之一。

艾耶尔的最大错误在于，他认为自己的原则可以区分有意义和无意义。这一错误可以从两个方面来谈。

第一个方面是，客观和主观应该很好区分。举例来说，如果我对你说，一段音乐让我感到仿佛漂浮在云端，那你可能没有办法证实我的说法的真伪。但这并不意味着它毫无意义，它只是显得很主观。

第二个方面是，本来应当用光谱范围图来呈现的区别却使用了二元性来呈现。如果你认为让一个主张有意义（或呈现客观性）的是“某种可能的感觉经验应当与真伪的确定密切相关”，那么我们应当很明显地看到，你将无法在满足这一检验的主张和无法满足这一检验的主张之间画出一条明显的界限。即使你能确定一个临界值，我们依然会看到这样一种情况，即某些主张很容易借助感觉经验确认，而另一些主张的证据则与针对其真实性的评价有关，因此无法确定。

艾耶尔发现自己落入了一个经典的哲学困境之中。如果一个理念太过模糊，那么它将被视为一团乱麻而被摒弃。而如果太过清晰，那些诡辩者就会设法去批判它的矛盾之处。正如亚里士多德的不朽格言所表明的那样：“一个人有修养的标志是从不期待自己处理某个问题时的准确度超过那个问题本身所允许的程度。”

或许我们可以再加上“但也不低于”这半句话。哲学上的恰到好处（goldilocks state）是指足够精确地表达一些实质性的东西，但又不精确到以强硬态度去解决现实世界的复杂性和不明确性。

我们拥有这种对可评价性“恰到好处”的理解吗？就我的目的而言，我认为我们拥有。我在这里所提出的理性概念，正如我马上要详细论述的那样，是一种最简化的概念，从这个意义上说，它的关键术语是各种更精确的概念的“定位器”，而不同的流派可能会用更精确的概念来填补这些概念的空白。此外，我并没有强烈要求有关客观事实的主张必须具有可评价性，而是请我们在留意客观性时注意到它有这个特点。对我来说，这不是在强制规定如何评价理性论证的精确程度。但我们应当清楚地看到，如果某个论证根本就没有办法评价，那么它不可能是理性的。对可接受的可评价类型的唯一先验限制是，它们在原则上应当是任何理性主体都可以采用的评价方法。

可辩驳性

波普尔通过证伪原则也接近了事实真相。然而，其错误之处在于，过于详细地说明了一些内容，如果用更普遍的术语来表述，这些内容应该是没有争议的。时至今日，波普尔的核心观点依然被科学家们广泛接受，即如果一个假设是科学的，那么其他科学家也必须能够通过实验来验证它。这些实验也许不能直接证明相关理论是正确的，但却有可能证明其是错误的。比如，有一个假设是你无法将碱金属变成黄金。虽然你无法通过反复失败来证实这一假设，但你可以通过一个确实将铅变成黄金的实验来证伪这一假设。

作为理性论证的一个标志，证伪存在各种各样的问题。首先，波普尔有意将其视为区别科学与非科学的标准。所以即使这个原则有效，它也无法帮助我们区分理性和非理性，除非我们进一步宣称，理性话语的唯一形式就是科学话语。这是不可能的，因为这样的主张不是科学的，而是哲学的，而且很可能是自我否定的。其次，目前尚不清楚是否所有的科学主张实际上都是可证伪的。例如，希拉里·普特南认为："万有引力定律根本不是那么容易证伪的；然而，它无疑是科学理论的典范。"怎么会这样？在波普尔看来，证伪是可能的，因为理论是暗含预测的，而且我们可以看到这些预测是否得到了证实。例如，爱因斯坦的相对论预测光不是沿着一条完美的直线传播的。1919 年 5 月 29 日，亚瑟·爱丁顿（Arthur Eddington）在一次日全食期间做了一个实验来证实这一点。皇家天文学家弗兰克·沃森·戴森（Frank Watson Dyson）已经认识到，太阳在日食期间会穿过毕星团，因此从其中的恒星发出的光必须穿过太阳的引力场，根据爱因斯坦的预测，这些光线会改变传播方向。由于日全食，它们是可见的。通过对比这些恒星在此刻的视位置和它们的实际位置，爱丁顿证明光线确实发生了弯曲。

假如这次实验没有检测到光线弯曲现象，就能证明爱因斯坦的理论是错误的吗？科学史上其他未能证实理论预测的实验都不敢得出这样的结论。一般而言，即使实验确实与已有发现存在矛盾，也不能直接下结论说已有发现是错误的。实验设计或假设存在某种错误的可能性是存在的。普特南在此举了水星轨道的例子，虽然其无法通过牛顿定律得到完美的解释，但不能因此就否定牛顿定律。相反，我们可以把水星运动设定为特例。这种允许无法得到解释的特例存在的情况在科学上并不少见。

按照普特南的观点，这种情况存在的其中一个理由是，理论并不是以波普尔所认为的一种直接的方式蕴含预测。"一般来讲，只有理论与特定'辅助陈述'（A.S.）同时成立时才能蕴含一个预测。"他说道，这意味着"我们不能只因一个错误的预测就认为一个理论为假"，因为辅助陈述与被验证的理论之间总是存在某些不确定的状态。

与可评价性和证实一样，我们需要确认不会把宝宝和洗澡水一起倒掉，这个宝宝在此情境下就代表了可辩驳性。一个理性论证在原则上总是可以辩驳的，而且容易被公众的论证和证据标准所修正或否决。我认为这仅仅是可理解性和可评价性标准的一个推论。给出一个理性论证意味着其他人可以理解并评价它，这就会产生一种可能性，即他人的评价可能是负面的，或者他们的理解可能优于自己。将某件人们已经确定为真且不太可能为假的事物排除在外，看上去明显与理性探索的精神背道而驰。而且，即使存在某些不可辩驳的理性论证，它们也可能形成一组非常狭隘的、非经验的先验原则。

可辩驳性是所有具备一定程度（或大或小）客观性的命题所具有的一种属性。例如，假如有人坚持认为戈雅的《被埋了一半的狗》是 19 世纪最伟大的画作，那他便有可能合乎情理地认为，这只是个见仁见智的问题，并且不打算把它当作一个客观的主张。但如果他认为这种主张是基于对这件作品的客观判断，那就没有理由说它不具可辩驳性。最起码人们应当承认，存在另一件作品更好的可能性。无论什么主张，只要涉及别人和我们都可以评估的东西，那么，无论我们多么确信某件事是真实的，无论反驳它是多么不可能的事，我们都应该对其保持辩驳或修正的开放态度。

利益中立

假设有一个疯狂的超级大坏蛋，他的使命就是打败理性的力量。他绑架了一位哲学家，并决心让她深信某件非理性的事。于是，他说，除非她能够发自肺腑地说出“1+1=3”并通过测谎仪的测试，否则他将毁灭地球。我们的哲学家经过认真思考并认识到，事实上存在可评价、可理解和可辩驳的理由令自己相信“1+1=3”，因为相信这种说法是拯救世界的唯一方式。难道我们没有客观的理由去相信一些虚假的东西吗？鉴于此，我将理性论证定义为“为信念提供客观理由”。这难道不意味着我们有理性的理由去相信一些错误的东西吗？这个问题很可能会激发相互矛盾的反应。一方面，似乎不可否认的是，在这种情况下，相信谎言是理性的——如果你能让自己相信的话。另一方面，同样似乎不可否认的是，理性论证应当把我们引向真理，而不仅仅是权宜之计。

解决这种矛盾的方法是注意到理性概念的模糊性。理性可以为目的服务，也可以作为目的本身。前者被称为实践理性。如果我们被绑架的哲学家拥有拯救世界的愿望、利益或价值观，那么真心（至少是努力）相信“1+1=3”就是理性的行为。但我们很容易看到，这种实用的理性信念的基础与通常认为“1+1=2”的理性基础是非常不同的。它所提供的并不是有关“1+1=3”的理性论证，而是为什么应“明智地相信 1+1=3”。由于这种实际理由涉及愿望、价值观和利益，因此它们的客观性不如那些不涉及特殊利益、价值观和求生欲的理由。

“实践理性”涉及我们应当相信什么。考虑到我们的目标和价值观，这种理性可以与我所谓的“认识理性”相对应，后者涉及的是如果放弃目标和价值观的话，我们还应当相信什么。认识理性需要的不仅仅是可评价、可理解和可辩驳的理由，它还需要利益中立的理由。任何涉及人们欲望的理由都不是利益中立的，因为如果我们认为人们的欲望是其做某件事的一个理由，那理由就成了可以任意“购买”的东西。

利益中立是理性论证的核心内容，因为理性论证的全部要点就在于，它既不抗拒残酷的现实，也不任意屈服。但这并不意味着存在任何涉及外部物质世界的真实存在的形而上学的承诺（事实上，我们必须承认，我们的理性概念是独立于此类承诺之外的，而且我们试图通过理性论证来决定应采取哪种形而上学的立场）。不管世界的本质是什么，接受一个有关世界的客观的、理性的解释对我们意愿的抵制，只是对世界的本质进行理性探索的一个先决条件。

尽管实践理性的要求可能最终会与认识理性的要求产生冲突，但重要的是，要注意到实践理性依赖于认识理性。再想想那位被绑架的哲学家。从实践的角度来看，她应该相信“1+1=3”，而且重要的是，她用来得出这个结论的所有数据都要获得认识理性的支持。换句话说，她相信“那个大坏蛋将毁灭世界，而且自己必须通过测谎仪的测试”这些理由是任何理性主体都应该接受的。为了做出正确的决定，她必须以一种利益中立的方式来评估证据，然后再决定应当做什么以服务于自认为最重要的利益。在这种情况下，这意味着要把整个地球的存亡作为最重要的事情，而不是保护真理的一个小角落。我们现在可以清楚地看到，为什么有时非理性的东西又是理性的，这一明显的悖论根本就不是悖论。一个更好的描述是，有时，在认识上是非理性的东西，在实践上则是理性的，因为认识理性与利益无关，而实践理性则不然。但实践理性并不是一个完全不同的体系，它必须建立在认识理性的基础之上。

在分析了上述区别之后，我希望先把实践理性放在一边，继续讨论认识理性。如今，人们对理性是否可能与利益无关持怀疑态度。其中，米歇尔·福柯（Michel Foucault）的观点可能最有影响力，他认为真理与权力是紧密相连的。为了充分理解他的观点，这里的“真理”需要加上引号。正如福柯本人在试图概括他所提出的基本命题时所指出的那样：“‘真理’与产生并维持它的权力体系存在一种循环关系，并与由它产生及扩展的权力的影响存在联系。”根据这种理解，“真理”是无法与权力撇清关系的，因此，并不存在所谓的利益中立，“这不是把真理从每个权力体系（这只是幻想，因为真理已经是权力了）中解放出来的问题，而是把真理的力量从霸权、社会、经济、文化等形式中分离出来的问题”。

这里，福柯强调了一个重要的观点。确实，每当看到有人声称准备发布无利害关系的知识时，我们都应该问一问，这是不是披着经验主义外衣的意识形态，即打着事实幌子的价值观？例如，一个国家会声称某些东西是科学的，并以此为某项政策辩护。但这并不是说，你看到的所有声称是事实的东西，都是行使权力的手段。号称无利害关系的事实却经常与事实不符，这种情况与声称并不存在无利害关系的事实是两码事。每当思想家们试图深入探索时，他们总是止于谬论。例如，吕斯·伊里加雷提出：“$E=mc^2$ 甚至有可能是一个‘有性别的方程式’，它体现了雄性的支配地位，因为它赋予了光速高于其他对我们至关重要的速度的特权。”但事实是，科学家们——不管是东方的还是西方的，也不管是男性还是女性，都有同样充分的理由接受这个方程式。这是一门利益中立的科学，既纯粹又简单。正如物理学家艾伦·索卡尔（Alan Sokal）和珍·布里克蒙（Jean Bricmont）用直白、幽默的文字所诠释的那样：“不管一个人如何思考‘其他对我们至关重要的速度’，事实上，在方程式 $E=mc^2$ 中，能量（E）和质量（m）之间的关系经实验证实存在极高的精确度，而如果将光速（c）用另外一个速度代替的话，这个方程式显然就无效了。”

对此，一个常见的反驳是，科学实践从来都不是价值中立的，因为其至少需要决定研究的重点什么——是花钱把人送到火星，还是治愈乳腺癌。但是，这种声称不存在价值中立的科学实践的说法，与认为不存在价值中立的科学真理的说法有着重要的不同。一位科学家在调查杀虫剂对人类健康的有害影响时可能深受其意识形态的影响，但如果他是一位优秀的科学家，并且他的发现得到了其他人的证实，那么他所发现的真理依然可能是价值中立的。

对于这种论断，蒂姆·乐文思给出了一个非常清晰的例证。他认为，马克思和恩格斯所指出的“达尔文的思想‘浸淫在’将其包围的‘产业资本家的社会环境中’”是正确的。但这种论断并不会使达尔文的结论失去价值。“在这种情况下，重要的不是达尔文的观点是否受到其资产阶级意识形态的影响，而是这种意识形态是否扭曲了他的观点。”

这里的关键区别非常浅显，但经常被忽视。下面四种说法同样正确，而且完全相容。

- 由于意识形态和权力的原因，许多有价值取向的信念被表现为无利害关系的真理。
- 无利害关系的知识经常被用来促成有价值取向的目标。
- 科学实践是有价值取向的。
- 理性论证需要提供能够证明其利益中立的理由。

否认存在针对信念的利益中立的理由，最终会出现两种结果：要么是谬论，要么是虚无。例如，如果说地图上的一个点到另一个点的距离不是事实，那这就是谬论；如果说每当我们维护一个事实，我们就必须维护某种价值观，那这就是虚无。我们确实渴望了解真相，或者我们认为了解地图上两点之间的距离很重要。诚然，价值观和兴趣会影响我们的生活方式和思维方式，但这并不意味着它们充斥在所有的知识里。

不可抗性

然而，一个绵软无力的论证也可能会为我们相信某事提供可评价、可理解、可辩驳和利益中立的理由。要使论证具有客观的力量，它还必须在某种程度上是不可抗拒的。任何理性主体，只要反复从各个方面进行审视，都会发现自己不得不接受这个结论——或者至少会强烈地受到推动，不管喜欢与否。进一步而言，这种“不得不”应当是已经描述过的论证特征（例如可评价性、可理解性和利益中立）的唯一结果。而其他思想活动——例如个人怀疑或一厢情愿的想法——导致的一个人感到不得不相信某件事，不属于我们所说的理性论证中的不可抗性。这一理念充分体现在下面这个观念中，即强有力的论证具有客观的分量。在此我使用了“客观”一词，我所传递出的含义是，论证的力量来自我们的身体之外。而“分量”的隐喻也捕捉到了我们的感觉，即还有别的东西在给我们施加压力，让我们接受它。这一点再浅显不过了，在任何一个好的客观论证的例子中都很明显。例如，当你理解“1+1=2”时，你会意识到你不得不接受它是正确的。当你接受证据——比如说吸烟是肺癌的主要诱因时，你也会感觉你必须接受这一论证，而不是出于自己的自由意志来选择这样做的。

然而，从这个意义上说，我们很难解释到底是什么使一个论证是不可抗拒的。不过，正如我在前面指出的那样，任何解释都可能存在某种程度的循环性，这一点毋庸置疑。在这种情况下，我们可以看到不可抗性是理性论证的其他特征的必要推论。如果你看到一个论证完全可评价，而且评价结果没有任何问题；如果你也理解它；如果你也看到，接受它并不需要你与任何特定的理性主体有共同的利益，那这样的论证在一定程度上必然是不可抗拒的。

对于那些声称遵循了所有这些步骤但仍未被说服的人，理性主体可以保持沉默了。以吸烟为例。试想一下，某人说："是的，我可以看到证据，我也非常理解这一点，我还知道如何评价它，并且不认为它存在什么问题，我甚至还知道你并没有掺杂任何形式的个人利益在里面，但我还是没有被说服。"如果是这样，那你有理由得出结论，这个人是不理性的。不管是什么阻止了这个人感受论证的力量，那都不是理由。事实上，虽然这个人使我们哑口无言，很令人沮丧，但认为我们总能提出人人都一定会接受的理由也是不现实的。如果一个人不理性，那么任何理性的论证在他面前都是无力的。这与试图说服一个没有味蕾的人，让其相信某种食物非常美味，并一定要他尝一尝是一样的。

为了更好地理解这一特征，我们或许可以将其称为"理性力量"（rational force），以区分于"精神力量"（psychological force）。从某种意义上讲，理性力量当然也属于精神力量：它是我们在精神上感受到的力量。但有一种特殊的精神力量稍有不同，那就是在某些情况下，我们会发现自己有强烈的倾向相信某事而且会照办。这往往与我们所能看到的也具有理性的力量是背道而驰的。

有关吸烟的例证可以再次拿过来使用。我前面介绍的那个人根本没有感觉到

“吸烟导致肺癌”这个论点的理性力量。然而，更普遍的情况是，这个人身上的理性力量根本没有转化成精神力量。这个人非常清楚吸烟能给自己的健康造成很大的危害，而且他应当戒烟，但出于某些原因，尽管他看到有关戒烟的理性论证是不可抗拒的，但这种不可抗拒并未推动他有所行动。从这个术语的特定意义上讲，不可抗拒是纯理性的，并未产生任何心理效果。

在涉及道德哲学时，这种差别似乎特别明显。我知道很多人声称他们发现有关道德素食主义的理性论证是无法争辩的，但他们依然不愿放弃肉食。同样，虽然很多人都被彼得·辛格提出的功利主义论点（辩称我们应当放弃自己几乎所有的财富）说服了，但他们的理性信念并未转化成心理动机。

我认为这些例证已经足够清晰地诠释了我在此描述的这种理性不可抗性的现象学特征。一个论证是无可辩驳的或者说一个理由不存在可以战胜它的理由，是具有特殊意义的，它表明论证独立于任何愿望或倾向之外，而且我们可能不得不使用论据或理由作为行动的基础。要想做到理性思考，就必须有能力认识到，在某种意义上，这些结论不仅仅是理性论证的结果，也是其所要求的。

理性的界限

作为一种检验和说明理性客观性如何发挥作用的方法，我们有必要考察两个有关理解形式的例子：轶事证据和神秘主义。这两个例子往好了说是处在理性范畴的边缘，往坏了说则是处在理性范畴之外。

如果说某件事的证据“仅仅是轶事性质的”，那就意味着会将其当作不充分的证据而拒绝。出于这个原因，很少有人会明确声称自己的信念是建立在轶事证据之上的。然而，实际上，很多人正是这样做的。这种情况或许在顺势疗法上表现得最为明显。在历史文献中，有关顺势疗法疗效的研究可谓不胜枚举，而压倒性的科学共识则是这种疗法根本无效。然而，每当我述及这个话题时，我很快就会想起，还是有很多明智、聪明的人相信它的疗效。没有人会认为自己的信念是盲目的。所有人都能提供支持信念的理由，并且自认为通过这样做，可以将自己的信念置于理性范畴之内。

这些理由通常可以归纳为三类。第一类是个人经验。“我看到有那么多人得益于顺势疗法医师的护理和专业治疗”便是一种典型的证词。第二类是那些以令人印象深刻的、历史上的成功案例为依托的主张。在顺势疗法的传说中，最著名的是 1854 年发生在伦敦苏豪区的霍乱大流行，当时，那些被送往伦敦顺势疗法专科医院的病人的死亡率为 16%，而与此形成对照的是，送往米德尔塞克斯医院的病人的死亡率是 53%。第三类是特定的研究。

我们可以看到，为什么这些理由可以被用来为顺势疗法的效果辩护。它们看上去是可理解的，也是可评价的，而且还是可辩驳的。那些提供这些案例的人也将其视为利益中立的和不可抗拒的。然而，我们应当拒绝它们，因为当我们更加仔细地考察它们的这些特点时，我们就会发现，它们的说服力并不充分。

在此，可评价性是关键。从表面上看，那些理由似乎是可评价的，但当它们真正被评价时，却无法通过检验。很显然，类似“我看到有那么多人得益于顺势疗法医师的护理和专业治疗”这样的主张，本身就不是可评价的，因为它属于第一人称报告（first-person report）。如果它附有“如果你愿意，你也能看到这些”之类的内容——也就是所谓的后续报告（follow-up report），那它就有可能变成可评价的。当然，一个人不能仅仅通过自述性观察来了解某项治疗的效果。你需要通过适当的实验来对比不同治疗手段的结果。所以那种“我亲眼所见”的主张最终要么被证明是不可评价的，要么被证明仅仅指向正确研究方向的某种可能性。

同样，诉诸历史性例证也是有问题的。即使两所医院在 1854 年的统计数据是正确的，但除非我们完全了解当时的情况，否则我们无法了解这些数据是否足以使我们相信顺势疗法是导致数据差异的原因。在这个案例中，本・高达可（Ben Goldacre）给出过自己的分析，在他看来，采用顺势疗法的医院之所以表现较好，仅仅是因为它没有做有害的治疗，而其他医院实施的放血之类的治疗措施让事情变得更糟。无论这种分析是否正确，仅仅根据不同医院的死亡率都是无法得出可评价的结论的。

现在只剩下“有研究表明”这一种理由了。然而，绝大多数研究都表明，顺势疗法的效果并不比安慰剂好。如果你去看看有关顺势疗法疗效的反面证据，那你就会发现，它们在理性上是不可抗拒的。但那些持相反观点的人似乎认为以一种非利益中立的方式去寻找证据——选择那些有利于自己的研究文献，摒弃那些不利的文献——是不恰当的。但即使其他理由被证明存在不足，他们也不愿让步，这暗示（尽管无法证明）他们也并未完全把自己的理由视为可辩驳的。

所以，我们不应当为了确认顺势疗法的疗效而接受未经证实的理由。上述解释显示，我所提出的理性解释为我们区分应当理性地接受什么和拒绝什么提供了一个框架。但至关重要的是，它还说明了为什么在辩论中指责对方不理性通常是毫无益处的和不准确的。顺势疗法团体试图做出理性的论证但未能成功。它并没有以一种固有的非理性方式为自己辩解，而只是未能在以一种利益中立的方式评价时提供令人信服的论据。我们应该从以下两方面区分论点：根据模式把它们分为理性的和非理性的；根据性质把它们分为好的和坏的。

第二种论证基于我们通常所说的神秘体验。举个简单的例子，有这样一些人，他们声称通过服用令自己变得不清醒的LSD①，从而拥有了某种形式的知识，还有

① LSD，即 D- 麦角酸二乙胺（Lysergic acid diethylamide），常简称为“LSD”，是一种强烈的半人工致幻剂。——译者注

些人声称看到了世界的“本来面目”。我认为此类论据在本质上是非理性的。虽然它们是利益中立的，因为似乎没有理由认为它们受到了事先承诺或自身利益的驱使；它们似乎也是可评价的，因为任何人都可以服用 LSD 并亲自观察这是否为真；但我们无法对它们进行实际评价，因为它们无法被准确理解。此类体验的本质是无法被充分描述的——你必须“在那里”。因此，甚至是用来描述这些主张的术语，都被认为无法准确呈现直观的知识或洞见。这使得它们看起来非常不客观。例如，一个拥有不同脑化学活动的外星人，将无法进入同样的状态，也无法对其进行评价。

此类主张似乎也不具有合理的可辩驳性，那些有过此类经历的人发誓说他们确实看到了真相，不愿意被理性论证说服，因为他们认为后者根本不了解这种体验。其结果就是，他们为自己的结论提供的理由只具有心理学意义上的不可抗性。因为这些理由不合乎情理，所以不具有理性意义上的不可抗性。

这并不意味着我们可以因此得出结论：神秘体验没有为信念提供理由，或更委婉地说，它们没有为信念提供理性的理由。我们是否应该接受那些好的非理性理由，仍然是一个悬而未决的问题。如果应该，那我们还需要做出合理的解释。

理性的广泛性

我曾提出，在构建或分析理性论证的每个层面时都需要判断。但这里的“需要判断”并不是说每件事都要掰扯清楚或每件事都取决于个人倾向。理性论证必须满足特定的客观标准。这些标准能够确保判断并不是了无约束的，而是扮演了一个非常确定的角色——区分非理性论证（如那些基于神秘体验的论证）和那些形式上理性但未能满足良好理性论证标准的论证（例如那些探讨顺势疗法疗效的论证）。

这种有关理性的描述也解释了为什么把逻辑论证视为理性的范例是自然的。当某个论证以一种清晰的逻辑步骤展开时，它就变得清晰、可理解和可评价，进而确保它是可辩驳的。而且如果这个前提是正确的，那又给了我们一个利益中立的理由来接受结论的力量。然而，虽然形式演绎论证以最清晰的方式通过了对理性的检验，但这并不意味着其他形式的论证不能通过上述检验。演绎并不能定义理性，它只是比通常可能的情况更清晰地展示了它的优点。

这种有关理性的解释对我们理解理性的概念具有重要的影响。有一种观点是，我们可以仅仅通过诉诸客观事实和逻辑，而不必完全倒向相对主义便可以获知真理。而前述解释恰好表明了摒弃这个观点的可能性，因为对客观理性论证的约束严重限制了我们可以给予这个世界的理性解释。它表明，好的判断不仅仅是主观意见，也不仅仅是遵循逻辑规则的。

这一理性概念还有助于我们理解理性话语的一些令人费解的特征，特别是在哲学上。一般来讲，我们可以把这种情况称为“理性话语的广泛性”（catholicism of rational discourse）。在普通高校的每一个院系里，我们都能看到理性探索教学法（rational inquiry）。然而不同学科的方法和假定却大相径庭。有时，这些差别可能表现为有关理性本质的根本分歧。例如，一些激进的科学家坚持认为，在艺术和人文学科，任何不基于科学实证方法所做的事都是荒谬的。

我认为，总的来说，这些分歧至少在某种程度上并非不同理性概念的产物，而是关于什么样的理由能够满足理性要求的不同判断的产物。例如，很多自然科学家认为，只有实证科学数据足够清晰、可评价和利益中立，才能为一个不可抗拒的论证奠定基础。另一些人可能会说，有些重要问题是不能通过科学方法解决的，我们应该寻找最强有力的理由来确定这些问题的答案。这些分歧是不可避免的，因为被视为针对信念的客观理由说到底在某种程度上是取决于判断的。

类似的分歧也存在于学科内部，例如哲学。有些人认为哲学与自然科学是存在联系的，而另一些人的看法则与之相左。我们就以这两类人的分歧为例。我们可以再次看出，这种分歧切断了一般意义上的理性概念。简单地说，与后者相比，前者受科学的影响更大，并进而认为针对信念的最客观的理由是植根于自然科学之中的。如果确实是这样，那么在哲学的本质问题上，这两个阵营之间可能通常并不存在什么深刻的分歧。这或许也能从侧面解释为什么分属“分析学派”和“大陆学派”两大阵营的哲学家都在研究哲学，做的事却相当不同。所以，这并不是说存在不同的理性基本概念在起作用，而是不同流派在强调理性“工具包”的不同元素。

承认“理性话语的广泛性”还意味着把我们对主观哲学问题的立场与我们对广义上的理性本质的立场区分开来。这就是为什么我的解释并未试图就任何为真的事物到底意味着什么给出任何主观分析。尤其是当谈到客观性时，我并未涉及事物是如何独立于我们的视角之外的，因为那会使我陷入某种形而上学的实在论之中，而且我也没有将真命题描述为那些正确描述世界的陈述。我对理性的解释只涉及推理的过程。如此一来，为了体现真正的广泛性，它必须受到约束，否则的话，它就可能无法描述那些持有完全不同的实质性观点之人的推理方式。

我想我可以解释清楚哲学的另一个古怪特征，即为什么它在论证时是一门最严谨的学科，而在研究结果方面却是一门最不确定的学科。所谓的共识在哲学上完全不存在，然而哲学家们的论证在人文科学中却是最理性严谨的。

我认为，我的解释还有助于搞清楚理性的真实含义，因为它显示，理性无论是作为针对信念的客观理由的要求，还是作为演绎逻辑最强大的工具之一，都是高度严谨的。但与自然科学数据不同的是，哲学上的原始数据并不是源自实证实验的可量化数据，而是源自整个人类的经历。哲学也缺乏令共识成为可能的、确定的和一致的科学方法。这也就是说，哲学完全而且仅仅依靠理性。这就涉及对论证严谨性的高度投入，但最终，也涉及承认理性论证并不必然推导出唯一答案，因为你不可能把判断从理性中剥离出来。我们依赖理性作为我们唯一的资源，这使得我们既是严谨的思考者，又注定要使用自己最好的判断。

了解哲学对理性论证严谨性的要求，以及理性论证本身还要求使用判断，有助于我们理解为什么哲学能在智力活动中如此强烈地推动我们，却不能迫使聪明的思考者达成一致。正如我在本章开头指出的那样，理性是一种指引，它能够帮助我们找到自己的路，但不仅仅给我们指一条路。理性是一种供我们使用的工具，但一方面我们不能为了前进而粗暴地使用它，另一方面它也不会像无人驾驶的汽车那样简单地引领我们前进。

结束真理之战

弗洛伊德曾经说过："说来也奇怪，面对小的分歧而不是根本性的分歧，那种不宽容的态度反而会表现得更加强烈。"这一点在《蒙提·派森之布莱恩的一生》（*Monty Python's Life of Brian*）这部电影中或许体现得更为明显。在影片中，犹太人民阵线的成员在提到犹太人人民阵线和犹太人统一人民阵线时竟然气得吐血。

问题在于，当你近距离观察任何事物时，例如理念（ideas）与理想（ideals），原本从更广泛的角度看上去很小的差别突然间显得非常之大，而且实际情况也应当如此。正是因为我们有能力仔细考察智力活动的对象，辨别肉眼看不见的差异，我们才能够深化和拓展我们在人文与科学学科上的认识。

然而，如果我们不退一步思考，审视更广阔的图景，便会对学术领域某些本来很明显的重要特征视而不见。而且，虽然智力上的远视会妨碍一流的专业学术工作，但我想说的是，智力上的短视会给今天的智力活动带来更有害和更普遍的痛苦。

我认为，这种短视会让我们失去几乎所有人都致力于求索的共识。这种痛苦增加了西蒙·布莱克本（Simon Blackburn）在其所著的《真理之战》（*The Truth Wars*）一书中所谓的“真理之战”的强度。这种冲突在历史上已经出现过很多次。首先是启蒙运动——理性、真理和科学战胜了权威、谬误和迷信。接下来，在20世纪，很多人对启蒙运动的目标失去了信心。一些人——例如阿多诺和霍克海默——甚至还暗示奥斯威辛集中营是启蒙运动合乎逻辑的结果。“启蒙运动是极权主义。”他们辩称，而且它所产生的“文明人类的无条件现实主义最终导致了法西斯主义”。

理性便是这种强烈对抗的一个牺牲品，但可以说，真理遭受的冲击更大。现在的结果是，在伯纳德·威廉姆斯所谓的“否认者”（那些否认真理存在的人）和“常识派”（那些声称真理是客观存在的人）之间呈现一种对峙状态。威廉姆斯写道：“带有各自哲学风格的否认者和常识派擦肩而过。”这种判断是正确的。相互理解的鸿沟大于任何基本分歧存在的隔阂。我们现在所遇到的正是这样一种情况：双方因一个宏大背景中的非常小的分歧而大动肝火。与犹太人的自由一样，这种情况的悲剧在于，由于内部分裂，一个原本双方都支持的大事业正在遭受磨难。不管一些人对这个术语的历史、用法和内涵有什么保留意见，这个大事业都是对理性的承诺。尽管他们存在明显的分歧，但显而易见的是，“否认者”和“常识派”都拥有某种理性——类似于我一直在捍卫的理性和理性的狭隘概念。

我认为有关真理本质的分歧也可以被视为相对次要的。举例来说，威廉姆斯与理查德·罗蒂（Richard Rorty）从前经常相互攻讦。他们明面上的分歧是威廉姆斯认为有一种名叫“真理”的东西，而罗蒂不这样认为。然而，他们真正的分歧在于威廉姆斯认为是否存在真理很重要，但罗蒂认为不重要。威廉姆斯认为，否认真理的存在是前后矛盾的和危险的，而罗蒂认为，坚持真理的存在是无意义的和不成熟的。他们二人都致力于探索威廉姆斯所谓的真理的两种美德：真诚和准确。然而威廉姆斯认为，如果罗蒂在研究美德的同时不研究真理的概念，那恰恰说明罗蒂是错误的。

当然，重大分歧就摆在这里了。如果你严肃对待智力活动，那它们的确很重要。但有必要记住的是，在分歧爆发前，还是存在大量共识的。坚持真诚和准确的美德并非小事。因为就真理的承诺而言，其内涵确实是存在重大争议的，但我想说的是，就理性的承诺而言，其引发的争议要小得多。

类似地，尽管辩论双方可能在理性概念的主体内容上存在分歧，但他们在次要内容上却能达成共识。从某种意义上讲，除非你试图为信念提供我所谓的客观理由——即使你拒绝使用“客观”这个词——否则你无法进行一次真正理性的辩论。

因此，这场涉及是否存在真理这种东西的辩论在很大程度上就是一场伪辩论。真理的否认者和其他人一样，很快就会揭穿说谎者的谎言——尤其是在政治领域——或者因受到诽谤或歪曲而感到愤愤不平。批评者借机讽刺他们，声称这表明他们的否认是不真诚的。这是一个错误。他们的否认不是不真诚的，而是技术性的。而且，即使这些技术手段在某段时间内很重要，那也不意味着它们在大多数普通情形下都能发挥作用。我们应当认识到“真理之战”的实质：细节之争。

在我们的分歧中，我们有时会忘记，作为一个理性探索者群体，我们拥有许多共同的核心价值观。或许我们不喜欢类似“理性”这样的词汇所拥有的内涵，认为它们暗示着虚假的客观性或权威。但只有在理性探索的领域，我们才能理智地表达这些担忧。例如，一些人通过提供可理解、可评价和可辩驳的理由来怂恿我们拒绝真理，这些理由是为了说服人们不考虑自己的利益，并且具有一定的影响力。

想想任何严肃的知识分子。是不是有人没有去努力做到被人理解？很多人表现得如此不可理喻，以至于我们怀疑他们，但也仅仅是怀疑罢了，根本就没有目的性。有谁敢断言没有人能评价他们主张的价值呢？几乎没人会这样说，而且《存在的理由》（*Raison d'être*）这本书的出版和引来的探讨，恰恰可以看出其他人在原则上是能够评价他们所读到或听到的东西并达成共识的。有谁会宣称，自己所说的完全与社会某一特定部门的利益有关呢？当然没人会这样。即使我们承认自己持有某些偏见，我们也会尽可能地对它们合理化。难道会有人认为自己的信念不可能错误吗？我们有时会这样安慰自己，但尽管如此，我们还是会接受批评，并认真对待那些批评。这表明我们致力于这样一种理念：理性探索要求我们将自己的信念视为可辩驳的。最后，当你看到有人提出了似乎充分表达他们立场的理由时，从某种意义上讲，你的赞同在某种意义上不是无意识的吗？类似地，你能忍住不驳斥那些在你看来软弱或毫无根据的论点吗？

虽然我深信我对真理的本质所做的解释，但我也明白可能会有很多反对意见。我所概括的理性基本概念的五个特征可以从多个角度理解，甚至被拒绝。但我坚持认为，这种不安并非我的解释存在任何内在缺陷的征兆。相反，任何有智慧的、善于思考的读者都会关注如何丰富此类概念，并去挑战它们。然而，除非我和我的读者对理性辩论是什么样子的有一些共同的基本概念，否则我们便不能聚在一起面对面地讨论它们。

本章小结

理性论证是为信念提供客观理由的论证。

客观理由必须是可理解的。在其他条件不变的情况下，任何描述或解释在原则上越容易理解，它就越客观。

客观理由必须是可评价的。除非其他人可以判断什么是所谓的真理，否则它将仍然属于主观范畴。

客观理由必须是可辩驳的。理性论证在原则上始终允许被论据与证据的公共标准修正或拒绝。

客观理由必须是利益中立的，并不涉及生物体的特殊利益、价值观和欲望。

考虑到我们的目标和价值观，实践理性关注的是我们应该相信什么，其不是利益中立的。尽管如此，这种实践理性也应当将其判断建立在什么可以通过价值中立的理由来证明其准确性的基础之上。

客观理由必须是不可抗的。"理性力量"不同于"精神力量"。理性力量仅仅涉及我们应当接受结论的感觉，而不是指我们受到激励去积极地践行它或接受它。

诚实而真挚的推理者应当承认，尽管他们努力追求客观性，但心理学告诉我们，认为自己是一个客观的评判者实际上却会增加主观偏见对思维的影响。一个人应该追求客观性，但不应该声称自己已经成功地实现了客观。

诚实而真挚的推理者应当避免过分受他们的认识的影响，而应当注意他们不理解的东西所带来的影响。

The Edge of Reason
A Rational Skeptic in an Irrational World

第三部分
理性的激励因素

有关理性的第三个谬见是理性可以赋予我们行动时的原始动力——尤其是在做出卓越行动时。我想说，在此，柏拉图可以再次被视为谬见的始作俑者。在《普罗泰戈拉篇》(*Protagoras*)中，苏格拉底提出，没有人会故意去做对自己不好的事情。“在我看来，准备去做你所认为的坏事而不是好事，并不符合人类的本性，”他说道，“两害相权取其轻。”这听起来像是常识，但需要补充的是：我们认为的好事可能有很多——大多是道德上明显正确的事或涉及我们自身利益的事。然而，更为重要的是，我们有可能会误判此类事情，而且它们之间也有可能会发生冲突。

不过，对于柏拉图而言，所有这些混乱都是可以处理好的。柏拉图相信每种事物和概念都存在一种永恒不变的“形式”，其中包括至善(the Good)。如果我们了解“至善的形式”(The Form of the Good)，那我们就会看到自身利益和正确的事物是完全一致的。考虑到我们决不会故意做对自己不利的事，再加上这种了解，我们就具备了充足的动力去做正确的事情。约翰·L.麦凯(John L.Machkie)对此做了清晰而简洁的总结：“在柏拉图的理论中，‘形式’尤其是‘至善的形式’，是永恒的、精神以外的现实。它们是世界结构中非常核心的结构要素。但也有人认为，仅仅了解或‘看到’它们，就能使人们知道该做什么，并且会确保自己去做，同时克服任何相反的倾向。”

有一种理论认为，如果你相信某件事是正确的，那你必定有动力去做它。这个理论叫作道德动机的“内在主义”。柏拉图提出了一个更为有力的理论。他在上述理论中补充道，你可以仅通过纯粹的理性就知道什么是正确的。无利害关系的理性探索可以引导你发现道德原则，然后你就会有动力去遵循这些原则。因此，道德和道德行为便是这种无利害关系的理性所结下的果实。

在第三部分中，我们关注的不是持有道德原则是否具有内在的激励作用，而是我们能否仅通过运用无利害关系的智慧来达到激发道德原则的目的。理性能激励我们去行动并且完美地行动吗？我认为它做不到，而且我们必须摒弃柏拉图关于理性作为激励因素，以及作为判断和向导的谬见。

The Edge of Reason

A Rational Skeptic in an Irrational World

第7章
“冰冷”的理性与“热血”的道德

如果我们否认“实然/应然”之间存在清晰的区别，那我们很容易下这样的断言，即我们有理性的思想基础去相信我们有理由帮助他人；如果我们的行为合乎道德，那将会更好；等等。但所有这些都不足以在无利害关系的理性基础上确立道德义务。

在道德哲学领域，一个长久不衰的辩论涉及道德与理性之间的关系。那些赞同康德思想的人相信，只有通过无利害关系的理性，我们才能建立起按照道德原则行事的要求。正如康德本人总结的那样：“此处所说的义务的基础不应在人的本性或他所处的世界的环境中去寻求，其存在于纯粹理性的概念之中。”在此，我将所有赞同这一广泛立场的人称为康德主义者，但同时我也想指出，在这个背景下，这个群体事实上更加广泛，不仅仅包括那些赞同康德特定立场具体细节的人。

持相反意见的是那些休谟的跟随者，他们辩称理性决不会提供道德的基础，充其量只能服务于那些源自非理性的欲望和冲动，无论是道德的还是其他。从这一观点来看，正如休谟所言：“理性是而且应该只是激情的奴隶。”这一观点及其继承者，通常被称为感伤主义。这与让人萌化的毛茸茸的小猫图片没有任何关系，而是与“感情”这个词越来越古老的含义有关，即“感觉”或“情感”。感伤主义不应等同于情绪主义——后者是道德哲学领域最原始的理论版本，认为道德判断只不过是赞成或厌恶的表达。感伤主义是一个更广泛的术语，指的是任何认为道德从根本上是建立在某种情感反应的基础上，而不是建立在无利害关系的理性之上的理论。

康德主义者和感伤主义者之间的分歧不仅仅在于学术兴趣。在当今世界的很多领域，都存在道德合法性的危机。在西方，这一趋势伴随着有组织宗教的衰落。基督教曾为整个社会提供道德基础，但它的权威在逐渐削弱，与此同时，并没有任何其他精神力量能够取而代之。它的无可替代性让很多人感到担心。如果我们放弃道德是神的命令由上而下的理念，那么留给我们的仅剩下，由偏好和权力来决定什么是可以接受的，什么是不可以接受的，以及什么被允许和什么被禁止。

事实上，在道德哲学领域，神命论在很长一段时间内都不是特别流行。它一直遭受柏拉图在两千多年前便已确认的一个重大问题的困扰。这个问题的核心是：如果上帝的选择决定了什么是对的，什么是错的，那么他必定会将我们认为正确的事判定为错，反之亦然。这种情况不可能是真的，例如，仁慈的上帝是不会允许酷刑存在的。所以这意味着上帝必须命令我们做好事，因为他是一心向善的神，但不是公正的神，因为他告诉我们应当这样做。但这意味着“善”的概念和本质根本不取决于上帝。所以，即使上帝是全宇宙的主宰，什么使事情变好或变坏，什么是对、什么是错仍然是一个问题。康德主义者和感伤主义者的答案是目前摆在桌面上的最佳选择。

因此，如果我们要为道德提供一个理性的辩护理由，那我们需要决定哪一方是正确的，并为其提供明确的辩护。在这一点上，就像在其他几乎所有事情上一样，我相信休谟一方基本上是正确的。自他提出自己观点以来的 250 多年里，各种异议从未消停过。不过，我认为有一种方法可以证明，为什么那些认为道德可以被确定为无利害关系的理性的要求的人总是错误的。最近，约翰·赛尔（John Searle）正在试图基于康德哲学传统提出这样一个论点，而我们正好可以通过审视这个论点来了解其是如何起作用的。通过考察塞尔论点失败的原因，我们可以看出为什么所有相似的论点都必将遭受同样的命运。

理性约束下的道德

塞尔想要证明，无利害关系的理性足以建立起对强利他主义的要求。需要指出的是，在我们审视他的论点之前，有关他是如何确定辩论措辞的，有几个方面颇具启发性。首先，他对强利他主义与弱利他主义进行了区分。弱利他主义是指一个人“很自然地倾向于关心他人的利益”。很显然，这种利他主义就是休谟、弗兰西斯·哈奇森（Francis Hutcheson）和亚当·斯密（Adam Smith）所认为的出于自然同情而产生的利他主义。但在塞尔看来，这种利他主义是“弱的”，因为无论它如何普遍，说到底都不过是建立在性格和偏好之上。只要利他主义仅仅是个人倾向的问题，我们就不可能给出任何理性的、令人信服的理由来解释为什么一个人应该信奉利他主义，就像我们不可能给出任何理性的、令人信服的理由来解释为什么他们应该喜欢啤酒的味道一样。

在这一点上，有必要指出，这种说法提供了一个关于我所谓的“语调”（intonation）在哲学上的重要性的例子。很多时候，重要的分歧并不取决于事实，而是取决于对事实的态度。这些态度经常表现在某些强化词和形容词的使用上，它们并没有改变一个命题的基本含义，而只是暗示对其做出的反应。在这种情况下，被康德主义者和感伤主义者双方都认可的一个简单事实是，按照感伤主义的观点，利他主义说到底是建立在性格或偏好的基础之上的。你可以把它当作生活中必须接受的事实，也可以以一种怀疑的语气把它说出来——暗示一种无法容忍的愤怒。为了在书面文字中体现这种态度，你可以增加若干强化词或配合使用一些标点符号：“说到底利他主义不过是建立在性格和偏好的基础之上！”这种暗含怀疑的修辞效果经常通过使用“不过是”“仅仅”或“只是”之类的词语来达到。举例来说，你可以说“利他主义仅仅植根于同情心中”，而不是简单地说“利他主义植根于同情心中”。如果去掉“不过是”，你就会得到这样的句子：“说到底利他主义建立在性格和偏好的基础之上。”我们依然可以听出异议，但不再那么刺耳了。

我之所以强调这一点，是因为这是一个很重要且经常被忽视的例子，即论据的说服力往往取决于其形式合理性以外的因素，这一点在公共话语中可能比在技术哲学中更为常见。例如，想想某些科学家是如何被指责将人类概念化为纯粹的生物机器人的，而且即使我们是生物学意义上的机器人，我们也是相当出色的机器人，“然而”我们根本就不是。在数字前面加上“只有”也是一种很巧妙的方式，令其看上去虽然很小但实际上可能非常重要。正如塞尔所阐述的那样，你选择一个精确的词语描述你的想法也有同样的效果。他为自己讨厌的利他主义形式冠以“弱的”一词，以“委婉地”贬低它的价值。然而，撇开修辞不谈，在塞尔所谓的弱利他主义与强利他主义之间，还有一个很有意思的区别。塞尔把一个强利他主义者定义为一个“即使在他自己没有此类倾向的情况下，也能将其他人的利益视为行动的正当理由”的人。这就是康德主义者认为的无利害关系的理性所要求的那种利他主义。

在我们进一步讨论之前，应当指出的是，从这个意义来讲，感伤主义者可能是强利他主义者。他们的立场并不是说道德只是我们在任何特定场合都倾向于去做的事。相反，其认为道德判断的基础是情感上的，而不是认知上的。我们举一个简单的例子来说明这一问题。一位感伤主义者可能会认为，造成不必要的痛苦是错误的。这种判断的终极依据不在于这样做可能是非理性的，而仅仅是基于同理心的一种认知，即痛苦是一件糟糕的事，应尽可能避免。在接受了这个原则的前提下，在特定的场合，感伤主义者可能会找到不以某种方式行事的理由，尽管他们倾向于这样做，例如当面对用工厂化养殖家畜制作的美味肉排时。站在塞尔的角度看，这样的一位休谟主义者认为其他动物的福祉是自己不食其肉的合乎情理的理由，即使他没有克制自己的倾向，事实上我们也能想象到他垂涎三尺的样子。

塞尔犯的这个错误和他的语言技巧一样具有重大意义。我们从中可以看出，他的论证都是基于一个强有力的假设，即什么才是理性。塞尔假设，弱利他主义者没有理由克制与他们的倾向背道而驰的行动。他还假设，具有移情作用的道德情感——结合特定的事实性知识——并不能提供行动的理由。为什么他会这样想呢？唯一的解释可能是，在塞尔看来，理由只能源自无利害关系的理性，而后者实际上独立于除事实和逻辑之外的任何东西。显然，这会带来很多问题。理性一直是以一种非常狭隘、含蓄的方式被定义的。

甚至在我们开始讨论论证本身的结构之前，我们就已经看到康德主义者是如何以一种歧视感伤主义者的方式阐述论点的。我认为这种“预加载”的论证方式并不罕见。正如政治幕僚们所熟知的那样，赢得一场辩论最可靠的方法就是确保辩论按照你的条件进行。

然而，让我们把所有这些担忧放在一边，先看看塞尔是如何进一步论证的。塞尔所理解的强利他主义当然不是感伤主义，因为他的结论是在主观愿望之外，还存在“其他的利他主义理由”。这些理由是具有理性约束力的，无视这些理由会使一个人的行为前后不一，与理性相悖；它们也是独立于愿望之外的，无论人们是否希望它们存在，它们都是存在的。基于已经给出的理由，如果一个人不想成为感伤主义者，那他的利他主义必须从根本上建立在除愿望之外的某个基础之上。所以对塞尔而言，承认一个人是出于理性的约束而去帮助他人——不管他是否愿意这样做——就等于接受强利他主义的理由。

塞尔关于强利他主义的论证包含三个步骤，并以痛苦为例加以说明。论证的中心——当然有些问题我不会在这里提出——是塞尔所谓的“普遍性要件”（generality requirement）。这是被广泛接受的普适性原则的一个版本。该原则认为，断言某件事属实就是在断言所有处在类似情形下的人都应当断言情况正是如此。因此，如果我说“巴黎是法国的首都”，那我必须相信其他了解这一事实的人也会做出同样的断言。类似地，当我们说“我正处在痛苦中”时，依照普遍性要件，你也会承认，在类似情况下，你也会痛苦。这就是塞尔论证的第一步，简单、清楚。

第二步是要看到，我的痛苦创造了一种需要。我处在痛苦中，所以我需要帮助。因此，承认普遍性要件意味着我必须承认，如果别人处在痛苦中，那么他们也需要帮助。我不能把自己作为一个特殊的例子：如果我的痛苦是我需要帮助的理由，那么其他人的痛苦也是他们需要帮助的理由。

第三步也是最后一步，是设法让我对帮助的需要成为他人帮助我的理由。在此，普遍性要件再次发挥作用，所以我必须承认，理性地说，如果我的痛苦是其他人帮助我的理由，那么他人的痛苦也为我帮助他们提供了理由。

塞尔认为，这足以建立起强利他主义了。不管我的愿望是什么，我都必须承认，我“有理由”应该帮助他人。而这些理由是具有理性约束力的，因为它们的存在仅仅是因为我认识到理性来自这样一个事实：我自己也说过“我很痛苦”之类的话。因此，塞尔得出结论，我们拥有独立于愿望之外的受理性约束的利他主义行动理由，并建立起了强利他主义。

是不是因为你需要帮助，我就应该帮助你

塞尔的论证存在一个缺陷，这个缺陷不仅导致了该论证的失败，还导致了任何其他类似的论证——试图建立起无利害关系的、理性的和独立于愿望之外的道德基础，也必然会失败。问题不在于我所接受的普遍性要件，我也不反对第二个前提：我看到我的痛苦创造了一种需要，我需要帮助。严格地说，这样的表述并不符合逻辑。只有当我的痛苦应该得到缓解时，我才需要帮助。尽管这听起来很明显，但从我感觉到的事实出发，它并不符合逻辑。例如，在人类社会里实际存在（不仅仅存在于想象中）的一些宗教观，视苦难为需要忍受的和不应当减轻的。

我将很快谈到这一点，但还有一个更大的、几乎不存在争议的缺陷需要指出来，它比能否确定人类有客观需求更重要。这个错误出现在第三步也就是最后一步中。正如我们已经看到的，塞尔说："我认为我对帮助的需要是你帮助我的一个理由。"颇为矛盾的是，这一信念脱胎于普遍性要件——如果我认为我对帮助的需要是你帮助我的一个理由，那么我不得不承认你对帮助的需要也是我帮助你的一个理由。

但塞尔忽略了一个重要的区别。我们需要阐明的是这个理由对谁有效。基于我们的解释方式，可能存在两种可能的解释：

> 我认为，在我看来，我对帮助的需要是你帮助我的一个理由。
>
> 我认为，在你看来，我对帮助的需要是你帮助我的一个理由。

因此，在我看来，你帮助我的理由未必是，在你看来，你帮助我的理由。举一个简单的例子便可以看出为什么这个区别是真实的和重要的。我正在找工作，

而你是招聘主管，如果我能得到这份工作，那就意味着我获得了很大的帮助。这一事实——得到这份工作对我帮助巨大——为我提供了一个你给我这份工作的理由。换句话说，在我看来，我的需要是你帮助我的一个理由。但在你看来，这并不是你帮助我的理由。在你看来，站得住脚的理由是“把工作交给最适合的人”。由于这一点很重要，我打算再举一个例子。我参加了一个绘画大赛，我知道如果我赢了，我将比我的竞争对手更珍惜这份荣誉。在我看来，这给了我一个让评委把我选为获胜者的理由。但这并不是评委选择我的理由：对他而言，唯一站得住脚的理由是那些涉及艺术成就的理由。

为了让塞尔的论证发挥作用，在你看来，你帮助我的理由必须和在我看来你帮助我的理由一样充分。只有当我承认我对帮助的需要是在你看来你帮助我的理由时，在满足普遍性要件的前提下，我才会承认在我看来，你对帮助的需要是我帮助你的理由。如果理由不成立，那么所有普遍性要件的要求就只有我相信你需要帮助是我帮助你的一个理由。这不足以证明利他行为有理性的、与愿望无关的约束理由。

塞尔的论证仅仅足以证明，在我看来，我对帮助的需要是你帮助我的理由。在认识到我处在痛苦中而且需要帮助时，我只是理性地被迫承认这种情况提供了一个在你看来你要帮助我的理由。因此，当我承认我需要帮助是你帮助我的理由时，我并没有理性地强迫自己去相信我应该帮助别人。

还有一种方式可以展示塞尔的缺陷，这种方式不需要在类似“在我看来你帮助我的理由”“在你看来你帮助我的理由”这样的文字表述上绕圈子。它是基本理念的一个变体，也就是说对一个人来说站得住脚的理由在另外一个人身上未必如此。在这个论点中，让我们接受这样一种认识：我对帮助的需要足以证明这个需要是别人帮助我的理由。这种认识之所以存在，是因为在任何时候，都存在无数的此类需要。在我居住的社区内，就有人需要帮助来缓解悲痛、支付账单、戒除毒瘾、摆脱孤独感以及筹钱治病。在更大的社会中，可能有数十亿人需要干净的饮用水、食物、基本医疗服务和教育。按照塞尔的观点，我应当承认这些都是我帮助他们的理由。这是非常合乎情理的。但这并不意味着这些理由足以让我在道义上有义务帮助他们。如果是这样，那我们就会荒谬地认为，在任何时候，我们都有道德义务帮助他人，满足他们的任何需求。

因此，按照唯一貌似可信的解读，“一个让其他人帮助我的理由”应当是某种不一定带有任何道德义务的东西。这种解读是有必要的。我们很容易看到，我们有几乎无限的理由去帮助别人，但我们不能强迫自己去做所有的事情。所以，即使塞尔的论证在本质上是有效的，也不意味着任何人在道义上都有义务以任何方式帮助我，仅仅因为有一个理由要求他们这样做。换句话说，虽然利他行为存在理性的、有约束力的、独立于愿望的理由，但这并不意味着我有义务根据这些理由行事。塞尔所说的“强利他主义”并没有强加给我任何强度的任何义务。

无论你通过哪种方式审视它，有理由帮助别人这一事实都不足以证明一个人应该根据这个理由采取行动。我们需要做进一步探讨，以分析为什么这个理由对任何特定个体都应当是站得住脚的。认识到理由对不同的人可能是站得住脚的并不是说所有理由对所有人都站得住脚，这足以证明塞尔的论证是无效的。“即使在一个人没有这种倾向的情况下，他人的利益也可以作为正当的行动理由”这样的认识不可能强迫我们行动。我们有正当的理由帮助他人，同时也有正当的理由去看电影或待在家里打开一瓶红酒慢慢品尝。除非理性强迫我们按照道义行动，否则康德的哲学体系必将失败。

如果这些只是塞尔特定论证中的缺陷，那它们将只具有学术价值。但它们揭露了康德哲学体系中某些更基本的东西。总的策略是试图表明，道德行为的理由完全可以从无利害关系的理性所要求的关注点中获得。只有当存在对每个人都站得住脚的帮助他人或考虑他们利益的理由时，这一体系才有可能发挥作用。

问题在于，它永远遵循的逻辑是：绝不会因为在我看来存在一个你帮助我的理由，所以在你看来存在一个你帮助我的理由，也不会因为在你看来存在一个我帮助你的理由，所以在我看来存在一个我帮助你的理由。这些逻辑上的鸿沟是无法逾越的。

从事实到价值

那些熟悉辩论史的人会认识到我的论证依赖于某种形式的“实然 / 应然”（'is/ought'）问题。这是休谟另一个伟大的洞见，值得我们完整地引用他的原话：

> 迄今为止，在我接触的每个道德体系中，我总是注意到，始作俑者总是先以一种普通的方式进行一段时间的推理，建立起上帝的存在，或者做一些涉及人类事务的观察；然后我会惊奇地发现，与通常的系动词——“是”和“不是”——不同的是，我所遇到的命题都是与“应当”或“不应当”联系在一起的。这种变化是极其细微的，然而它的意义却极为重大。因为既然这种“应当”或“不应当”表示某种新的关系或主张，就有必要对其加以观察和解释；与此同时，对于一种似乎完全不可思议的现象，也应该给出一个理由，即这种新的关系如何能从与它完全不同的其他关系中推演出来。

这个基本点是具有逻辑性的。如果一个论证的前提仅仅包含对事实的陈述，那么它的结论也必须仅仅包含对事实的陈述，不可以掺杂涉及价值的主张，例如“应然”。在日常谈话时，我们总是这样做。我们会说，有人正在挨饿，如果我们不给他们送食物，他们就会饿死，因此我们应当给他们送食物。这个结论并不符合逻辑。在实践中，这通常是因为前提不够充分。我们总是想当然地认为，我们应该接受这样一个道德前提，即我们应该尽可能地避免人类死亡。然而，对于任何想仅以理性为基础确立道德义务的人来说，这都是致命的，因为我们不能断言此类“应然”就是这个世界应有的样子。

正如我们所知，这种“实然 / 应然”的问题在最近几十年里受到了极大的抨击。反对意见的基本要点是，我们无法如此清晰地区分这两种说法。最引人注目的是，菲莉帕·福特认为，生物具有需要和愿望是自然界的事实，因此，某些事物对他们来说既是有价值的，也是事实。以下面这个命题为例：“儿童生来是无助的，因此必须教给他们语言和其他技能。”她解释说，这“意味着儿童是需要照顾的”。至关重要的是，这些理由是“客观的且与偏好没有任何关系：不管一个人喜不喜欢孩子，这都是事实”。这是一个纯粹的事实陈述。但它似乎也暗含了某种价值陈述：那就是照顾孩子总比不照顾要好。我们可以称这些陈述为规范性事实，意思是它们是包含有价值元素的事实。

这是一个值得强调的关键点。如果说理性可以为信念提供客观理由，那么在适当的情况下，这些理由便没有理由不能包括涉及人类愿望、动机和感觉的事实，也就是蕴含价值的事实。这种认识与我所设定的客观理由必须利益中立并不矛盾。例如，进食符合每个动物的利益。这个事实是利益中立的，从这个意义上讲，每个人都应该认识到这一事实，不管他们自己的利益如何。当我们说我们有利益中立的理由去承认利益的客观性时，听起来是自相矛盾的，但当你看到理性的利益中立只涉及我们不允许我们的利益妨碍我们对真实情况的判断时，这种表面上的似是而非很快就会烟消云散。它并不阻止对世界上现实利益的考虑。这些利益可能是生物学意义上的，也可能是情感上的，这意味着情感有时可以成为理性论证的理由之一。

的确如此，福特借用她的故友兼同事沃伦·奎恩（Warren Quinn）提出的一个概念辩称，如果没有某种对善行的理解，你根本无法进行实际的理性思考。当人们想当然地认为将谨慎考虑的自身利益作为行动理由没有任何问题时，这一点经常被忽视。福特的论点是，各种形式的实践理性都必须以某种事物作为行动的理由，至于为什么与儿童的需要相比，谨慎考虑的自身利益是一个更为理性的行动理由，在这一点上并不存在逻辑上的道理。正如她所理解的那样，“实践理性就是把正确的事情当作理由”。

在此我可以接受福特的论点，而且我认为休谟也会如此。这会让很多人深感意外，因为福特是对休谟持强烈批评态度的人。但她也承认，实践理性需要某种关于何为善的概念，这与休谟的观点相去不远，即实践理性需要我们渴望某种我们认为是善行的东西。只有当你相信休谟主义者并不承认愿望和同情心可以作为理由时，他们二人之间的差别才会显得比较大。但那些接受我对于理性的广泛性解释的感伤主义者，也可能会接受痛苦会催生求助的需要，因为我们不需要把理性局限在无利害关系的事实范畴中，而且我们也不能强迫自己将一个优秀的理性论证限制为那种每一个步骤在逻辑上都是按照推论准则环环相扣的论证。对于感伤主义者而言，痛苦的存在可以是一个客观的理由，让我们相信我们应该提供帮助，但这不是一个我们必须接受的理由，因为我们承认在这些论证中，判断在把我们从前提带向结论的过程中所扮演的角色。

因此，休谟的论证应当被视为与康德哲学是针锋相对的，后者的目标是证明只有无利害关系的理性才会为我们带来道德律令。休谟正在引导康德学派陷入其极为严格的标准中，这意味着他们带有价值观假定的论据，只要受到任何“感染”就要被清除。但是，如果我们对理性的理解更加宽泛，允许需求被视为理由，那么我们就可以接受把需求视为行动的理由。从我针对塞尔思想所做的探讨可以看出，上述认识与那种我们可以仅仅依靠无利害关系的理性便能建立起道德的主张并不相同。如果我们否认“实然 / 应然”之间存在清晰的区别，那我们很容易下这样的断言，即我们有理性的思想基础去相信我们有理由帮助他人；如果我们的行为合乎道德，那将会更好；等等。但所有这些都不足以使我们在无利害关系的理性基础上确立道德义务。

这一点很关键。根据定义，理性经常被假定为无利害关系的。当然，无利害关系的理性在数学与科学方面是占有一席之地的，但有时它确实涉及合乎逻辑的利益关系。理性必须是客观的，但不必是无利害关系的，这意味着它可以承认需要和欲望的客观存在——不管是好的还是坏的。

因此，休谟的基本观点依然稳健有效，只不过我们知道它仅仅适用于康德以及像笛卡尔这样的理性主义者所倡导的无利害关系的理性形式。为什么我不应当更喜欢坏的而不是好的，或者为什么我不应当被激励去喜欢善的而不是更客观的，此类问题并不存在无利害关系的理性理由。麻木不仁是自私的，但它并未要求任何人违反逻辑法则。而且，极端自我牺牲的利他主义也不比极端自私更合乎逻辑。正如休谟本应当指明的那样，“更喜欢（或者更热衷于）那些甚至连我自己都承认不太完美的事而不是那些对我意义更大的事，（这种心态）并不违反无利害关系的理性”。

利他主义的理由

游走在那些大声呼唤理性的人和那些对理性无动于衷的人中间，我再次被亚里士多德的中庸思想所吸引。我曾经说过，道德并非无利害关系的理性的必要条件，这一论点也表明了为什么与此相反的观点并非认为理性对道德没有任何贡献。相反，理性对于道德是不可或缺的。拒绝康德的哲学体系就意味着放弃这样一种观点：终极道德辩护只能通过无利害关系的理性活动来发现。但去掉上述表述中的楷体字后，突然之间一个更合理的主张便出现了：某些道德辩护是通过理性活动发现的，但其未必是终极辩护。

例如，实际上有人可能会这样认为，道德说到底不过是建立在道德同情心或某些类似于对他人的好感之类的基础之上，而且道德不能通过无利害关系的理性来建立。但这种主张远远谈不上承认理性对道德毫无影响。至少，我们依然需要理性来帮助我们决定我们的道德原则是否与基于情感的深层次冲动保持一致。例如，道德上的同情心很可能是每个人都应该得到平等尊重这一原则的唯一终极辩护。如果我们在性别或种族差异方面持有错误的信念，那我们在实践中是不可能做到完全平等的。因此，1868 年美国宪法中增加了第十四条修正案，规定任何州都不允许“在州管辖范围内拒绝给予任何人平等的法律保护”，然而种族隔离制度却一直延续到 20 世纪，而女性直到 1920 年才获得投票权。理性对于结束这些不平等是至关重要的，因为只有当人们认识到没有合理的理由来区别对待白人和有色人种或男女两性时，才能取得道德上的进步。理性迫使人们承认其最深层次的价值观与他们的行为并不一致。

再举一个更清楚一些的例子。我们可能是功利主义者，并且声称道德上正确的做法就是最大限度地增加最多数人的福祉。我们也可能会接受这样一个事实，即我们不能仅通过无利害关系的理性来确立道德的终极原则，我们所能做的最好的事情就是把它作为终极的善——没有人能提出更有说服力的替代方案。然而，在接受了这一原则之后，一个功利主义者可能会出于某种理由认为我们需要理性来决定什么才是最能让大多数人获得最大福祉的东西。

这是感伤主义应对无理性和非理性指控的标准防御手段。正如西蒙·布莱克本（Simon Blackburn）所言，“理性赋予我们在所处情境下的典型表现，并赋予我们根据这种情境进行进一步演绎和推理的能力。理性的职责就是把世界的本来面目呈现给我们。至于我们应该如何应对这种情境——包括如何在情感上应对它——是另外一个问题”。

然而，我认为这种主张对那些希望强调非理性对感伤主义重要性的人来说，让步太大了。我认为我们应该挑战涉及理性隐含构成的假定。要做到这一点，我们需要进一步展开上一节中所阐述的思路，我谈到了“规范性事实”和福特有意模糊事实与价值之间的差别。正如我所指出的那样，这意味着我们能够认识到人类需要的客观存在，并将这些需要视为行动的理由。如果这些理由是可理解、可评价、可辩驳、利益中立和不可抗性的，那它们就是客观的，就可以在理性辩论中作为一种合理的交互手段。更重要的是，它们甚至可以为我们提供一个终极道德理由。

为了证明这确实是事实，将感伤主义的基本原则正式化，并把它作为道德的理由，将是有帮助的。我希望做如下尝试：

> 如果某个生物体拥有自己的利益——能够追求自己的目标并过一种它发现有意义并且/或者能够在生理上和心理上感受到痛苦和快乐的生活——那么我们就有理由重视这些利益，除非有充分的理由，否则不要妨碍它们，而当我们有能力帮助它们的时候，也要不吝帮助它们。

这是一个非常宽泛的原则，当我们考虑这样一个生物体的利益时，它并没有具体规定我们必须做什么。举例来说，有三个人认可这个原则，并且承认我们有责任考虑一头家畜的利益。其中一个人可能会得出结论称“如果是这样的话，我们就不应当吃它”；第二个人说“我们只是应当好好养着它”；而第三个人则可能表态“只要我们不折磨它，我们就没有做错什么”。很难想象有人会不赞同这样一个原则。这一事实表明，就其普遍性而言，它似乎提供了一个合乎道德的、令人信服的理由。对于这样一种陈述，典型的感伤主义者会说，尽管它确实是合乎情理的，但借用休谟主义的话说，拒绝它并不违背理性。反对者可能很无情，但并不是无脑。不过不要这么快就下结论。当然，我们可以看到，没有人会仅仅迫于无利害关系的理性便接受这样一个原则。同样，我们也没有充分的理由将理性定义为无利害关系的理性。如果说理性论证就是为信念提供客观的理由，那么这种感伤主义的立场就不能被理性地调整吗?

问题在于，一个生物体拥有利益是不是我们考虑它的一个客观理由——一个可理解、可评价、可辩驳、利益中立和不可抗的理由。当然，其他人和动物确实拥有利益也是一个客观事实。很显然，幸福感是受主观因素影响的，但我们现在不能因这一事实而分心，认为存在主观状态的客观真理是没有问题的。更为明显的是，主观状态的存在也是客观事实。如果我们承认这一点，那么我们就向接受这样一个客观事实迈出了一小步：那些体验到某些主观状态的人要比其他人更钟情于这些状态，这就使他们有兴趣进入那些舒适状态而不是苦恼的状态。因此我们现在应当很清楚，行动者拥有利益是一个客观事实。

这一点我们很容易理解。首先，我们可能很难理解对于一头猪或一条蛇来说，拥有利益到底意味着什么，但在面对我们人类的后代时，我们理解起来可能就不费吹灰之力了。对于多数动物而言，我们至少可以理解它们的部分利益，比如，最明显的就是避免不必要的痛苦和折磨。

其次，他人的利益在某种程度上是可评价的。让我们想象一下，现在有人声称拥有健康的身体、占有惊人的财富和折磨年幼的孩子都属于他们的利益。第一个点可以被判断为一种明确合理的利益，第二点是存在问题的，当然也不是一种核心利益，而最后一点则是人类有效生活所不能接受的，而且也是不必要的。简单地说，一个人声称拥有某些利益并不意味着我们必须接受它们：我们可以而且一定要评价它们。

最后，关于人们拥有什么利益的理念是可辩驳的。举例来说，一般而言，通常我们认为一个人视“活下来”为自己的利益是理所当然的，但当生活质量极为糟糕而且看不到改善的希望时，我们中的大多数人都会承认这种利益可能不再是高于一切的，甚至都没有存在的必要。再举一个例子，历史上人们相信我们享有被神明救赎的利益，而现在多数人都会反对这种观点。

从相关意义上讲，“利益”是“利益中立的”这个理念似乎是自相矛盾的。但前面我已经解释过，我们能够非常清楚地感受到这是事实。为了对什么是行动者的利益做出理性判断，我们需要将自己的利益暂时搁置起来。换句话说，我们对他人的利益是否合理的判断不应受到我们自己利益的影响，从这个意义上说，它们就是利益中立的。

我们需要采取的最后一步是表明这些客观原因加在一起构成了考虑行动者利益的不可抗拒的理由。根据我的定义，我们在此寻找的这种不可抗性是理性的而不是心理的。换句话说，它关乎对这些理由的力量的感受，而未必涉及被迫去做的感受。从这个意义上讲，在我看来，承认其他人拥有利益是一个不可抗拒的理由，让相信我们应当考虑他人——不管我们是否感受到了那种引领我们为他人的利益行动的心理力量。我们回到之前的一个例子中。虽然一个人可以感受到论证的道德力量，即他们不应当吃工厂化饲养的家畜的肉，但他们却不愿付诸行动。

很多人对于这种理念并不满意，因为它所具有的那种不可抗性并不具备理性约束力。在克里斯蒂娜·科斯佳（Christine Korsgaard）看来，这正是她所谓的“规范性问题”的核心内容。“即使我们倾向于相信某件事是正确的，”她说，“而且在某种程度上我们也感觉自己很想这样做，但我们仍然可以问‘这是真的吗’以及‘我真的要这样做吗’。”为什么我们要期待或要求，唯一充分的道德理由是那些所有可想象的理性争议之外的理由呢？这种要求实在是太高了。伯纳德·威廉姆斯讽刺了那些这样做的人，他委婉地问道：“当强盗破门而入，踩碎教授的眼镜，并把他带走时，他的辩解有用吗？”如果这位教授认为用一次争辩就能阻止这些强盗，那他肯定是个傻瓜。道德上的理由可能特别具有不可抗性，但这种不可抗性也未必是绝对的。毕竟，“2+2=4”的不可抗性也不是绝对的。正如笛卡尔所指出的那样，我们知道，我们有时会梦想着把谬论当作明显正确的事情，因此我们可能会产生些许怀疑，甚至觉得基本数学知识都是错的。

不过，道德理由的不可抗性本质仍然非常强大，它看起来更像“不得不接受2+2=4”，而不是预期的那样。当然，我们可以想象得到，某些人根本就感受不到论证的力量。在数学论证中，这种盲目性可能暗示存在某种罕见的认知障碍——说白了就是他们无法遵循逻辑步骤。在道德论证中，这表现为一种心理学上的认知障碍，这种认知障碍导致人们对他人的利益漠不关心。在这两种情形下，进行进一步论证都会无果而终。我们必须坚持认为，有一些基本的东西是那些反对者看不到的。就像我们承认做数学计算的能力取决于认知能力，而这种认知能力并不是每个人都具备的一样。我们也应该接受具备完整道德需要以某种认知能力为支撑，而这种认知能力也是一些人所不具备的。

有时，不懂得欣赏辩论的力量，就是没有正确地理解它，而这种理解是可以纠正的。举个例子，我的学生曾经非常认真地声称，2+2=4 未必是正确的。他们要么是在想象在其他可能的世界里，这些符号并不意味着同样的意思，要么就是在纯粹做假设，即它终究不一定是正确的，只是我们还看不出来其中的原因。第一种异议没有抓住要点（因为我们正在考虑的这些符号是作为事实被定义的），而第二种异议仅仅是任何理性主张必须附加的可撤销性条款。学生们不得不承认，对于极端的怀疑主义并不存在明确的答案。我们最能确定的就是，我们无法清楚地说明，那些我们认为正确的事情，是如何被合理地认定为错误的。在前面的一个例子中，我们应当把行动者的利益考虑在内。但对于那些看不到这一论点背后的理性力量的人而言，我猜测这种情况通常反映了一个难以动摇的假设，即真正在理性上不可抗拒的理由必定是无利害关系的理由。很多人想要捍卫这一假设，因为他们害怕欲望和情感会被纳入理性范畴，这样的话，他们将丧失区分理性和非理性的标准。所幸是虚惊一场，这还不足以引起人们对滑坡谬误的恐惧：“你必须说明为什么我们一定会滑下来。”对此，我只能回答说“证据不足”。

另一方面，我们可以通过相反的情况进行说明。我们通过开启道德同情心而获得的对他人利益的认知，为道德提供了一个真正的理性基础，因为它为道德行为提供了一套客观的理由。正如 T. M. 斯坎伦（T. M. Scanlon）所表述的那样：

“把某个事物看作以某种方式行动的充分理由，并倾向于这样做，这不是一个逻辑问题，而是一个理性问题。”这个主张还未得到普遍认可，因为我们是在一个错误的理性观的指导下行动的，其对理性的理解过于狭隘。实际上，呈现在我们面前的一直是一个错误的选择。康德提出的选择认为“义务的基础……肯定不能在人的本性或他所在的外部环境中寻找，它先验地存在于纯粹理性的概念中”；而休谟则让我们相信“理性是且只应当是激情的奴隶”。此处的错误在于假设“先验的纯粹理性”——我所提出的无利害关系理性的子集——是唯一真实的理由。休谟通过例证——漂亮的后验推论和演绎——向我们展示这种假设是错误的。然而，当他谈到理性时，他却经常这样做，仿佛理性始终且唯一意味着先验的纯粹理性。这种做法是愚蠢的。正如布莱克本所指出的那样，有关休谟的道德理论更为准确的描述并不把理性限制在先验的范畴里。“当我们为了质疑或批评他人而考虑一些问题时，”布莱克本说，“没有什么可以阻止我们把这个过程描述为一个推理过程。”正确的行动方式不是“理性是且只应当是激情的奴隶”，而是让激情和冷静的思考共同提供理由。

我怎么认为，就应该怎么做吗

当然，至少存在一种方式，在它的情境下，除了最坚决的理性道德之外，所有的理性道德都服从于理性的要求。我们几乎都认为，道德判断需要前后一致。如果我声称吃肉是错误的，但随后却大吃鹿肉汉堡，那我就是一个伪君子，也就是我们所说的言行不一的人。

在第 9 章中，我将深入探讨为什么一致性总是拥有一种特殊的规范性力量，甚至当它不涉及道德时也是如此。在道德领域，我们可以看到一致性的要求仅仅源自“应然”的本性。当我们说某人应当做某事时，我们其实是在说他有理由以特定的方式行事，或有理由不以某种方式行事，这就对我们提出了某些需求——

不过很微弱。如果没有意识到这种外部需求，可能也就没有“应然”的存在。这不是一个微妙的哲学视角，而是一个简单的语言学视角。类似“你应当这样做，但你不做也没有什么关系”之类的说法毫无意义。

有时，我们确实会说这样的话，但当我们这样做的时候，我们心里想的和嘴上说的是不一样的。其中一种情况是，当义务很弱，而且履行起来还相当麻烦的时候，我们不认为不履行它是可怕的。例如，我们可能会认为，当我们的登山之旅结束时，我们应当把垃圾带回来，但由于我们必须帮助一位受伤的同伴下山，因此我们前面的想法就无法合乎情理地实现了。严格地说，在此类情形中，那些一般情况下我们应该做的事，在这种特殊情况下，我们的义务被解除了。

另外一种情形是，我们认为一项义务来自一个我们并没有明文认可的惯例。例如，我们可能会说“你应当寄一张感谢卡”，但我们并不是认为你必须这样做，我们只是认为此时此刻没有什么能产生比社交活动更强大的效果。

然而，当我们说“应该”而且真的要言出必行时，我们也会禁不住说，其他人在遇到类似情形时也应当这样做。这是普适论的基本原则，除了主观主义者和其他道德怀疑论者，几乎所有的道德理论家都接受了这一原则。特殊主义者也不会完全拒绝它。特殊主义的主张是并不存在普遍的道德原则，道德行为也不意味着遵循这些原则。每一种情况都会因其特殊性而使原则无法发挥作用。但即使从这一观点来看，假设有两个人处在完全相同的情形下，拥有相同的知识水平，面对相同的窘境，如果我们认为第一个人的行为过程是正确的，那么大多数特殊主义者都会认为第二个人这么做也是正确的。对于特殊主义者而言，问题在于，在现实世界里，没有哪两种情形在所有方面都完全相同，而且即使这种情况确实存在，我们也不可能无可争议地做到始终如一。

所以我们可以看到，为什么一致性在道德规范中很重要，以及为什么理性在判断我们是否一致时起着至关重要的作用。然而，尽管一致性是一种价值，但它不是起主导作用的价值。为了寻找原因，不妨思考一下这个思维实验。

我遇到了一个非常聪明的人，他提出了一个不可抗拒的、合理的论点，即我应当按下一个将会毁灭整个伦敦以及城里的每一个人的按钮。我应当这样做而且越早越好。他从我认为毫无争议的前提开始，按照看上去有理有据的步骤，最终得出一个与我认为的相反的结论。但我却无法找到这个论点错在何处。这意味着如果我拒绝按下这个按钮，我便是在以一种不一致的方式行动——我无法否认这个论点有充分的理由，但我却在以一种与之相反的方式行动。在这种情况下，我应当按下这个按钮吗？

我认为答案是“不”。我可以通过诉诸更广泛的一致性来证明这个答案。正如我在第 1 章中提出的那样，理性的整体论意味着论据并非只在内部保持一致，它们还必须与更宽广的信念之网保持一致。所以我提出的拒绝这个论点的理由是，尽管我看不到它内部的缺陷藏在何处，但它与更宽广的信念之网是不一致的，而对于后者，我有更强大、更有说服力、更确定的理由将其视为正当的。

我的思维实验可以将这一点考虑在内。我可以尝试着展示这些不一致都是什么，而且在我面前的这位邪恶天才并不能解决它们。那我现在应当按下按钮吗？

我认为依然不可以。如果这样的场景可能存在的话，那么以下两件事中有一件事必须为真。第一件事是在这个论点中存在一个未被发现的缺陷。不过请注意，这个判断并不是基于明确的推理和论证。为了否定“通过推理过程获得的信息一定是正确的”这一想法，我动用了我的直觉——我感觉它不正确。所以尽管我没有动摇我的信念——即正确的行为方式最终会被证明是理性一致的，但我并不是在理性一致的论证基础上做出这个判断的。

这是一种很奇怪的情况。事实上，我是赞成这种一致性原则的，但我并未遵守它。我为什么要这样呢？因为我们有非常充分的理由怀疑我们自己的推理能力的一致性和正确性。我们知道我们并非完美的推理者，我们不应当总是机械地遵从理性表面上对我们的要求。这与遵从上帝意志的神学问题类似。一位有神论者或许认为自己有义务按照上帝的命令做事，但又不愿在做一些事情时表现出自己是在按上帝的意志行事，因为她知道，作为人类，她或许会误解上帝的意志。这一点正是克尔凯郭尔在《恐惧与战栗》（*Fear and Trembling*）一书中复述亚伯拉罕与艾萨克的故事时所要表达的核心。在我们看来，很显然是上帝在命令亚伯拉罕献祭他的儿子，但如果你是亚伯拉罕，你应当意识到你无法确切地知道上帝是否真的提出了这样的要求，或许你正在被假扮上帝的魔鬼欺骗；或者就像伍迪·艾伦（Woody Allen）总想表达的那样，上帝正在考验你，看你是不是一个真正的好人，或一个愿意“遵从任何（哪怕是愚蠢的）命令，只要它来自一个洪亮、抑扬顿挫的声音”的人。

理性通常是与信仰相对的，而且有非常充分的理由。但是，我们常常需要一种信仰来确定我们所相信的东西实际上是理性所需要的，而不是简单的推理的结果。理性和看似理性是有区别的，但在太多情况下，人们都认为后者等同于前者。对于这种区别，我们不需要怀疑理性的力量，只需要怀疑我们是否有驾驭这种力量的能力。这样的话，我们也许会承认，从原则上讲，对一致性的需要是绝对的，同时我们也承认，由于我们不能可靠地判断什么是真正一致的，因此从整体来看，我们并不总是有义务以一种看上去一致的方式行事，或者坚持表面上一致的信念。

然而，关于为什么我们可以不接受表面上一致的情况来摧毁一座城市，还有第二个原因。事实证明，一致性根本不是一个不可违背的道德原则。当然，我的思维实验依靠的是一个并不存在的论点，而且我们有理由怀疑它不成立。但我认为，尽管如此，承认我们的底线仍然是非常重要的。对我来说，如果一致性的要求与避免大规模屠杀的要求相冲突，或至少前者不会带来更大的明显的好处，那么我会毫不犹豫地说，一致性将会出局。

做出这种判断，无论假设如何，对于确定我在第 1 章中描述的“基石”都是很重要的，基石是锚定我们所有其他信念的核心信念。例如，有必要询问那些声称他们的创世论与科学一致的基督徒，如果被迫做出选择的话，是否会在圣经和科学之间做出取舍。这可以说是对任何声称尊重科学的人的诚意的考验。类似地，我希望我们能承认，在一致性和避免大屠杀的较量中，与我们渴望使我们的道德理性地始终如一不同的是，道德的试金石不是一致性，而是道德情操——一种坚持不做弊大于利的事情的愿望。我们追求一致性，但我们更追求正派的行为。我们希望并期待我们永远不用在两者之间做出选择，但我们也承认，如果我们真的需要这样做的话，我们抛弃的会是一致性。

这样做并不是要放弃理性，因为理性在原则上不需要受到绝对一致性的约束。在这种情况下，我们将拥有两组相互竞争的客观理由：不要摧毁整座城市的前后矛盾的理由和要求我们接受城市毁灭的前后一致的理由。到目前为止，我们总是（至少是大多数情况下）发现，前后一致的那组理由可能更有说服力，不过这个场景实在难以想象。但假如它真的发生的话，我们将不得不得出这样的结论：前后一致的信念并不总是最合理、最令人信服的。我应当再次强调的是，我无法想象我们必须得出这个结论，但承认它的可设想性还是很有必要的。

就道德理性而言，这一点在本质上是最重要也是最容易被忽视的一点。康德学派和感伤主义者之间的传统辩论建立在这样一个假设之上，即若想理性地思考，道德必须建立在无利害关系的理性的先验原则之上。这是错误的。如果我们以一种适当的、广泛的方式来理解理性到底意味着什么，那么我们将会看到，问题的关键是为信念提供理由，而且这些理由的来源并不局限于符合逻辑或科学事实的先验原则。一旦我们接受了这一点，我们便会看到，尽管康德学派以纯粹理性为基础的道德体系注定失败，但理性依然是道德的核心。

本章小结

一位感伤主义者可能会认为，造成不必要的痛苦是错误的。这种判断的终极依据不在于这样做可能是非理性的，而仅仅是基于同理心的一种认知，即痛苦是一件糟糕的事，应尽可能避免。

我们有正当的理由帮助他人，同时也有正当的理由去看电影或待在家里打开一瓶红酒慢慢品尝。除非理性强迫我们按照道义行动，否则康德的哲学体系必将失败。

我们总是想当然地认为，我们应该接受这样一个道德前提，即我们应该尽可能地避免人类死亡。然而，对于任何想仅以理性为基础确立道德义务的人来说，这都是致命的，因为我们不能断言此类“应然”就是这个世界应有的样子。

如果说理性可以为信念提供客观理由，那么在适当的情况下，这些理由便没有理由不能包括涉及人类愿望、动机和感觉的事实，也就是蕴含价值的事实。

假设有两个人处在完全相同的情形下，拥有相同的知识水平，面对相同的窘境，如果我们认为第一个人的行为过程是正确的，那么大多数特殊主义者都会认为第二个人这么做也是正确的。

从原则上讲，对一致性的需要是绝对的，同时我们也承认，由于我们不能可靠地判断什么是真正一致的，因此从整体来看，我们并不总是有义务以一种看上去一致的方式行事，或者坚持表面上一致的信念。

我们追求一致性，但我们更追求正派的行为。我们希望并期待我们永远不用在两者之间做出选择，但我们也承认，如果我们真的需要这样做的话，我们抛弃的会是一致性。

The Edge of Reason
A Rational Skeptic in an Irrational World

第8章
“客观”的科学与“热血”的道德

道德并非科学，但由于很多道德问题取决于事实，因此科学可以帮助阐明道德话语。

不凡之士的理性通常是他们自己最大的敌人，尤其是当他们碰巧还是科学家时。他们不仅过分强调理性所能达到的目的，而且还将这样做建立在对理性所涉及内容的极端狭隘的理解的基础上，而后者在本质上属于基于证据的经验主义。其结果表现为在知识领域不公正地攫取地盘，其中所有有意义的论述都言必称科学，而其他一切都被“夷为平地”，被认为毫无用处。这就是科学至上主义：认为唯一合理的理解形式就是科学的形式，任何没有接受科学研究方法检验的事物都是毫无根据或毫无意义的。

有关这种知识帝国主义的一个非常著名的例子来自山姆·哈里斯（Sam Harris）的《道德风景》（*The Moral Landscape*）一书。作者在书中指出，正如书的副标题所言，“科学可以决定人类的价值观”。哈里斯主张，可以赋予道德一个严格的理性基础——但不是康德认为的先验的原则，而是后验的科学知识基础。《道德风景》的主要价值在于，它相当清晰地阐明了科学研究方法与道德之间的关系，而这些通常是不公开表达的。

我有幸在哈里斯位于加利福尼亚州的家里见到了他本人，并直接向他提出了我的异议。在听到他的回答之后，我依然坚定地认为他的思想体系是失败的，并清楚了为什么更广泛地理解科学的局限性很重要。

道德——所有生物体的福祉

哈里斯为我概括了这本书的中心论点：“我们知道道德与人类的福祉是存在某种关系的，而且我们知道人类福祉必定起源于大脑的生理机能，因此无论大脑适用的心理物理学法则是什么，道德都是受其制约的，因此我们知道它可能属于科学的范畴。”这是一个非常有用的概括，因为它抓住了哈里斯论点中所有正确内容的本质，也指出了它的错误所在。

我们从这个观点入手进行分析：“我们知道道德与人类的福祉是存在某种关系的。”该观点并非完全没有争议，但我认为，公平地讲，大多数道德家都会说道德直接或间接地涉及有感知的生物体的福祉。只有在一个仅仅有岩石的世界里，才会没有对错之分。不过这句话的关键是“存在某种关系”。关于这个“某种”是什么存在很大的分歧。它是有关福祉的最大化，还是仅仅涉及以其他方式顾及它？福祉是幸福，是我们追随自己喜好的能力，还是另外一些东西呢？在这些问题上，没有什么比普遍的共识更有用的了，而科学显然无法解决这些争端。例如，科学不能告诉我们应当追求幸福还是应当追求卓越，而且坦率地说，我们甚至很难想象它如何做到这一点。

第二个关键主张是“我们知道人类福祉必定起源于大脑的生理机能，因此无论大脑适用的心理物理学法则是什么，道德都是受其制约的，因此我们知道它可能属于科学的范畴。”此处的最后一个分句是重点。当然，关于人类福祉的大部分内容，科学都可以娓娓道来。例如，科学可以告诉我们很多关于痛苦、紧张、愉悦及其他情感的原因。这意味着科学可以帮助我们理解如何改善人类和动物的福祉。以哈里斯为例，其提出了“一个类似‘父母应该如何抚养孩子’这样真正令人担忧的、道德上的、价值观上的问题”。要回答这个问题，就需要了解儿童发展、健康的情感生活、健康的认知能力，以及如何帮助儿童成为高功能的成年人等方面的知识，甚至还包括“有待发现的科学真理”。但需要再次指出的是，这只是暗示科学知识可以“告知”道德，而不是说它可以决定道德。类似地，虽然我们可以从神经科学的角度来了解为什么那种令人心碎的感觉如此糟糕，但神经科学并不能告诉我们为爱付出代价是否值得。

哈里斯继续说：“我们现在对人类的繁荣发展已经有了充分的了解，我们知道，从科学的角度来看，人类在这个世界上的某些生活方式确实不好，不管是从心理健康，还是从社会健康的角度看都是如此。”请注意，这又是一个比哈里斯的认识更有局限性的真理。尽管并非完全没有争议，但我再一次认为，公平地说，绝大多数理性的人都赞同，当没有更大的需要时，那种痛苦、紧张或极度压抑的感受简直太糟糕了。“从科学的角度来看”，这些情况都是很糟糕的，因为它们妨碍了生物体繁荣的能力。对于这一点，我们可以通过与动物进行类比来更清楚地了解。一只遭受过精神创伤或毒打的狗将经受紧张和焦虑，并因此很难照顾好自己。从生物学的角度来看，这就是“糟糕的”，是一个科学的观点。

从科学的角度来看，虽然有些事情确实很糟糕，但我们无法仅仅根据这一点便推断出科学可以决定一切事物的对错。举例来说，历史上，密尔和边沁两位哲学家曾进行过一次辩论。辩论的主题是：玩一个简单的图钉游戏是否与演奏肖邦作品所获得的乐趣具有相同的价值。科学不能解决这种纷争。即使事实证明，从神经科学的角度来看，两种活动带来的乐趣不管是在程度上还是在类型上都是无法区分的（尽管我对此表示怀疑），但只有当你认为大脑状态才是最终的价值仲裁者时，问题才会得到解决。这是一个道德判断，而不是科学判断。没有人能够向我解释，为什么原则上仅仅通过查看大脑状态便能知晓，如何为我们看重的价值排出优先顺序。

哈里斯绕过这一缺陷的方法是宣称这种解释无关紧要：

> 因为我们必须区分具有现实意义的回答和原则上的回答。科学上的问题是无穷尽的，对于这些问题，我们知道我们从未给出过正确或错误的答案。如果我一定要问你此时此刻有多少只鸟在天上飞，我们知道肯定有一个准确的数字。我们还知道我们不知道这个数字到底是多少，而且我们永远都不会知道具体的答案，但我们知道 15 只是错误的。细想起来，确实很多关于人类福祉的问题都像上面这个问题一样棘手。如果我们可以做数学计算并且得到数据，那我们就能发现正确答案。但这样做是没用的。考虑到大脑的复杂程度和涉及我们主观性的影响因素的数量，我们不得不说，针对福祉的科学理解就像福祉本身的构成一样复杂。

这种说法犹如乐观地挥手一样令我感到震撼，并向我展示了作者对信仰的理解：在涉及福祉时存在一种原则上的且不可企及的科学测量方式，它将处理不同构成要素之间定性和定量的差异，并对增加某些形式的测量方式做出权衡。所以必须指出，这种情况在原则上是可以计算的，但在实际操作方式上太过复杂，从而给人的感觉只是一种大胆的断言。而且即使它是真实的，那它也是无用的。如果这种判断需要一种原则上的衡量方法，而实际上这种方法是不可测量的，那么科学可以“决定人类价值观”的主张就是空洞的。

将一种以福祉为中心的道德观简化为科学的根本问题在于，我们所认为的“福祉”并不是一个简单的生物学分类。纵观历史，人们为了达到某种目的而选择痛苦、苦难和自我牺牲的典故比比皆是。很多人宁愿赴死也不愿过一种不光彩的生活。从纯粹的生物学角度来看，这么做毫无意义，但从人性的角度来看，它就存在一定的意义。

因为大脑扫描是价值中立的，所以认为大脑扫描可以告诉我们哪种生活方式在道德上更好的想法是荒谬的，还可以告诉你某种体验更强烈，有更持久的影响，等等。但并不能说它是好是坏，除了能够在狭义上说它能否促进生物体的身体健康之外。

在我看来，哈里斯的这种科学主义的道德观似乎是相当不完整的，而且我可以看到是什么在刺激人们接受类似的立场。在很多人看来，道德似乎主观得令人感到沮丧。人们因为它明显缺乏客观基础而心怀不满。因此，哈里斯说，“如果某件事真的错了，那意味着什么呢？如果你想深究这个问题，那你要么必须将其归结到某些属于科学范畴的真理——有关我们的世界、人类的本质或者承认真理存在的有关人类幸福前景的某些东西——要么只剩下偏好，认为它错就错在我们不喜欢它或者大多数人不喜欢它。”

然而，这是一个错误二分法，它从根本上误解了理性和道德的本质。正如我一直在谈论的那样，我们不需要在客观、无可争辩的事实和纯粹的意见之间做出选择。观点、价值观和信念可能或多或少是合乎情理的，或多或少是客观的。正如我们在第 7 章中探讨的那样，这种认识也适用于道德。道德原则并不具有与科学原则同等的地位，但就像人们不喜欢吃桃子而喜欢吃草莓一样，这一事实并不意味着道德原则不会受到理性审视的约束。

哈里斯选择科学作为道德的基础，因为对他而言，其他的选择都是站不住脚的。这是因为站在他的角度来看，除了科学，其他任何事物都太脆弱了。与约翰·斯图尔特·密尔一样，他认为提高道德水准的方式是使其更像科学。密尔在 1872 年写道：“道德科学的落后状态只能通过适当地推广和延伸物理科学的方法来弥补。”这就是为什么当我问哈里斯是否认为道德哲学会重蹈炼金术的覆辙，并最终被科学所取代时，他做了这样的回答：

> 会，也不会。从根本上讲，我将哲学看作科学的发源地。如果一个问题无法方便地进行实验控制，也无法量化，或者我们只能依靠推理，那我们干脆把它放入哲学范畴好了。而当你可以开展实验和获取数据时，你便开始进入科学领域了。不过哲学和科学之间从来就不是泾渭分明的。在所有科学门类中，都默认存在哲学假设，而科学上的分歧也常常纯粹是哲学信念的问题，因为每个人都可以获得相同的数据。所以我并不认为可以把哲学和科学清晰地切割开来，因此在道德哲学和道德科学之间也不会存在一条清晰的分界线。但当你真正开始谈及数据和神经生理学时，你似乎更多地是在玩神经科学的文字游戏，而不是哲学的。

对哲学的让步是受欢迎的，但还不够。理性并非唯一由数据统治的科学保护区。从另一个角度来看，这是一件好事，因为并不存在针对道德判断的运算法则。

道德应该被划入科学的范畴吗

哈里斯未必代表道德研究领域的主流科学思想。然而，他的理论却告诉我们，更为普遍的另外一种观点同样过于简单和极端。这便是科学戳穿道德假面具的观点。科学并不决定人类的价值观，它使它们呈现出了某种虚构的色彩。

近年来，有关这个观点最尖锐且最无悔意的倡导者当数哲学家亚历克斯·罗森博格（Alex Rosenberg）。他列举了人类“执着地”问自己的一些问题，以及它们的科学答案。其中有三个问答如下所示：

- 对与错、好与坏之间有什么区别？它们之间没有道德上的区别；
- 为什么我应当做一个有道德的人？因为它会让你比做不道德的人感觉更好；
- 堕胎、安乐死、自杀、纳税、对外援助或任何其他你不喜欢的事物是应该被禁止，还是应该被准许甚至偶尔强制执行？一切皆有可能。

罗森博格说，“只要你相信科学会提供答案”，这些答案就是“非常明显”且“完全无法避免的”。我发现，对于像罗森博格这样的人来说，很难相信他们做出如此大胆的断言是完全真诚的。例如，在我援引的第三个问题中，很有趣的是，他并未将儿童性虐待、强奸、折磨无辜人士等内容列入他的问题中。在列举了一系列人类问题之后，以一句“一切皆有可能”作答实在让人看不出他对待问题的严肃态度。

或许罗森博格认为他为道德问题提供的科学答案是如此简单明了，以至于他并没有真的为自己的道德虚无主义提供任何论据。我们只知道它源自他的科学至上主义——一个经他改造后重新投入使用的贬义的术语。就道德而言，科学至上主义的关键特征是“深信科学方法是获得任何知识的唯一可靠途径”。如果情况确实如此，那由于道德判断是非科学的，因此它们无法包含任何知识。

这种误入歧途的思维方式的根源在于有关理性本质和知识的假设——也就是我们在本书中一直在挑战的假设。这些假设创造了一种简单的二分法，将可以通过经验或纯粹理性来确定的事实与其他任何事物（仅仅是意见或偏见）区分开来。如果这种方法是正确的，那么道德便会站在理性范围之外。但正如我在上一章中所指出的那样，这种方法并不正确。道德不是科学，但这并不意味着我们不能让理性对其施加影响。

那些拒绝道德的科学家和那些声称为其建立起科学基础的科学家正在犯同一

个错误的两个版本，即他们都相信科学方法在理性实践上具有垄断性，从而走向了两个极端——要么认为道德必须被置于科学的羽翼之下才能被接受，要么将其划入非理性范畴并抛弃。为了避免这种错误的选择，我们必须拒绝它所依据的假设，其中最主要的一点就是科学家们拥有理性的"专属所有权"。

科学可以阐释、深化道德

然而，把道德从科学中抽离并且完全不允许科学插手道德，将是一个极其严重的错误。科学可以在许多方面加深我们对道德的理解。

最明显的是，很多道德问题都取决于科学可以帮助阐释的事实。这在堕胎的问题上尤为明显。对堕胎的道德担忧源于对胎儿是人的担忧，而杀死一个无辜的人是错误的。生物学能帮助我们思考这种认识意味着什么，并为我们澄清这场辩论的核心术语。在最基本的层面上，生物学告诉我们人的发育是一个渐进的过程，因此，相信存在一个神奇的划定人类个体来到这个世界上的时刻，是根本站不住脚的。例如，基于任何正常的理解，我们都无法使用"人"一词来称呼在受孕后立刻形成的细胞群。玛丽·沃诺克（Mary Warnock）在 1984 年发表的有关人类受精和胚胎发育的报告称，在受精后的 14 天内，甚至"最终会发育成神经系统的前体"都不会形成。在这个阶段，受精卵是否会分裂成双胞胎、三胞胎或其他多胞胎也都不能确定。直到胎儿至少五个月大时，其中枢神经系统才开始控制基本的身体功能，在此之前，胎儿是没有意识的。

所有这些事实都无法解决堕胎的道德问题。但它们显然是高度相关的。在涉及人类福祉的辩论中，应该考虑到构成这种福祉的事实，这是毫无争议的，而科学可以提供许多这样的事实。这是哈里斯认同的真理，但他未能看到这种意义的局限性。某些对于道德具有重要意义的事实确实属于科学的范畴，但他从这个真理中跳出来进入了一个认识的误区，认为道德完全属于科学的范畴。

科学帮助我们理解道德的另一种方式是解释道德最初是如何成为可能的。这可以通过很多方式来实现。例如可以研究大脑是如何工作的。这正是神经哲学家帕特丽夏·丘奇兰德在其《智囊团》(*Braintrust*)一书中所展示的内容。这本书描述了一个供道德发挥作用的"神经平台"。对丘奇兰德而言，道德问题在本质上是"约束满足度的问题"。

她曾说过这样一番话："对于很多人们必须解决的社会问题，比如资源匮乏或诸如此类的问题，他们必须同心协力，协商并找出一个友好解决的方案，这样他们才能继续前进。有时那些解决方案在短时间内效果非常好，但他们必须调整方案，以便其在长期内也能奏效。我认为这就是问题解决过程，或者说推理过程。"

"重要的是，"丘奇兰德说，"我并不认为神经科学对这些事情没有发言权。"这门学科确实涉及了令此类问题可能得到解决的神经基础。这个"神经平台"是：

> 安装在适当部位的电路，它使我们产生想要与他人建立联系的愿望，让我们有时会为了与他人保持联系而牺牲自己的利益，因为当我们被排除在外或遭到排斥时会感到痛苦；它让我们能够享受他人的陪伴，享受合作带来的满足感。所有这些事情都发生在这个平台上。在这个平台之外，出现了非常不同的受很多因素影响的社会实践。

丘奇兰德借助神经平台的研究方法避免了粗糙的还原论，后者常常破坏那些试图通过神经科学来阐明道德的努力。最常见的是人们审视欺诈之类行为的做法——审视大脑并确认存在一个基础的神经过程，或许还会注意到这个电路是通用的，并得出结论称这样的行为是一种进化的必然结果。丘奇兰德指出，这是错误的，因为全世界的人们都拥有相同的基本脑回路，然而他们的道德规范却大相径庭。例如，欺诈在因纽特社会里是一种特别严重的犯罪，有时甚至会被判处死刑。丘奇兰德说，这种做法的理由是"欺诈实际上会危害整个社会的稳定，因为当地的居民一直徘徊在生死边缘。饥饿随时可能降临。因此当某人在某件事上欺骗大家时，整个群体就要想办法去应对，而这会浪费他们宝贵的资源——能量”。他从非神经科学的角度解释了为什么欺诈对于因纽特人来说比对波利尼西亚人更糟糕，“波利尼西亚人和因纽特人拥有大致相同的电路——例如对于欺诈的敏感性，但对他们而言，这只是行为有失检点而已。”

科学帮助我们理解道德是如何产生的，以及为何在某种程度上，它时至今日依然在起作用的第二种方式就是研究它的进化起源。认真研究这一问题的人倾向于认为，我们可以从进化的角度来解释合作的出现，以及某些情况下的搭便车现象和欺诈行为。进化心理学还提出了基本的道德情感（如同情心和同理心）是如何出现的，以及为什么说它们促进了我们生殖优势的扩大。

这些发现——或者说理论更为合适，因为只有少得可怜的发现突破了合理的怀疑而得到认可——对于道德是很有用处的，因为它们帮助我们认识到什么与人类进化的本性相符，什么与之相悖。正如彼得·辛格曾经指出的那样：“我认为达尔文主义者会警告我们什么规则会起作用，以及什么规则会遭遇到诸多阻力，而且我认为我们必须牢记这一点。”我们应该把兴趣点放在现实世界中（而不仅仅是在理论范畴内）起作用的道德上，这才是至关重要的。

然而，重要的是要将这种道德观与一种较为粗糙的进化道德观区分开来，后者认为我们只能做我们进化后想做的事情。而现实比理论更复杂。辛格指出：“在价值观对我们的重要性和我们人类本性中进化趋势的强度之间，始终存在一种权衡。”如果我们认为某件事在道德上非常重要，那么我们便有理由全力推动它，即使这意味着需要挑战我们根深蒂固的本能，我们也无所畏惧。

在其他领域的科学与道德之间，人们也很容易将两者的关系搞错。当人们审视进化过程时，这样的一种错误便会浮现——人们倾向于将该过程视为一场野蛮的战斗，然后用其来证明竞争凶残的资本主义的合理性。这不仅是对进化论的误读（进化论实际上解释了很多动物在个体层面上的合作问题），也没有把“实然”

和“应然”区分开来。我们在上一章中已经看到，这种所谓的事实与价值之间的区分并不是绝对的，但它至少清晰地表明，没有什么事能够直接从“实然”转换成“应然”。

生物学家兰迪·桑希尔（Randy Thornhill）和人类学家克雷格·T. 帕尔默（Craig T. Palmer）的例子，最能说明忽视这一原则会导致什么后果。他们提出了这样一种理念，即强奸是一种适应性策略，这种行为能够在进化过程中保留下来在于其增加了强奸者的基因传承概率。当他们的研究成果发表时，他们遭到了很多人的抨击，这些人认为他们在为强奸寻找开脱的理由。但两位作者一直在澄清，他们是在从进化的角度解释为什么说强奸是一种理性的策略，而不是为其正名。在他们看来，强奸在道德上是可恶的。他们在自己所著的书中的第一句话就自我介绍说，他们是“希望看到强奸从人类生活中被根除的科学家”。

进化论者经常犯的第二个错误是得出这样的结论：进化心理学通过展示道德只不过是“互惠的利他主义或开明的利己主义”来揭开道德的真面目。此处所传达的理念是，我们所谓的道德只不过是帮助我们增进自身（或基因、种群或任何被选择单元）利益的一系列进化行为。数学家兼经济学家肯·宾默尔（Ken Binmore）旗帜鲜明地否认了道德可作他解的可能性，他认为道德原则就是进化的社会规则，因此“问我们应当如何生存与问动物为什么应当存在的意义几乎一样”。所以“如果有人希望研究此类规则，那问他（它）们如何弘扬善行或者维护正义之类的事是毫无意义的。相反他必须问他（它）们是如何进化的，以及他（它）们为什么能够生存下来。也就是说，我们必须把道德当作一门科学来对待。”

但这种认识根本是站不住脚的。宾默尔正在犯起源谬误的错误：用某件事存在的理由混淆有关它的起源的解释。进化心理学或许可以很好地解释道德的起源问题，但这与充分解释其演化至今的过程并不相同。当初仅仅是一种适应能力的某种东西现如今已经增加了很多内容。在此，非预期后果法则发挥了作用（涉及两层意义上的"非预期"，因为在进化过程中无论如何都不会存在初始预期）。那些通过帮助我们获取私利使我们得到进化的东西，也使我们能够超越这些私利，对他人产生移情，甚至把我们自己的利益放在第二位。

因此，我们通过进化心理学看到了相同的基本模式，我们发现科学和道德无时无刻不在发生碰撞。在其中，你会看到那些主张科学道德的人和那些主张科学戳穿道德假面具的人。不过，幸运的是，你也会发现更多聪明的人，他们认识到尽管道德可以从科学中学到很多东西，但不会是全部。有科学依据的道德是受欢迎的，但一种纯科学性的道德则是不可能存在的。

本章小结

我们不能指望无利害关系的理性来提供道德的基础。

理性在道德规范中也发挥重要的作用，其能够帮助我们决定我们的道德原则是否与位于内心深处的移情冲动保持一致。

道德上的理由和论据可以像纯粹的事实一样，在理性上令人信服，尽管不是每个人都被它们所驱使。正如我们承认学习数学的能力取决于拥有不是每个人都拥有的认知能力一样，我们也应该承认，道德推理能力需要我们具有一种包含同理心的认知能力，而有些人是缺乏这种能力的。

一致性并不是一个神圣不可侵犯的道德原则。如果对一致性的需要将导致我们做某件真正糟糕的事情，那么一致性就应当被放弃。

科学可以告诉我们很多关于痛苦、紧张、愉悦及其他情感的原因。这意味着科学可以帮助我们理解如何改善人类和动物的福祉。

科学可以帮助我们了解道德的起源以及它所依赖的神经平台，这些不应与科学无法提供道德的正当性相混淆。

有科学依据的道德是受欢迎的，但一种纯科学性的道德则是不可能存在的。

The Edge of Reason

A Rational Skeptic in an Irrational World

第 9 章 理性要求我们怎么做

理性、客观性和规范性是不能分开的。接受一个信念而不是另一个信念的客观理由就是人们应当去相信它。判断一个论点是合理的、客观的、理性的，也相当于说人们应当接受它。

到目前为止，在我的论证过程中存在两个经常出现的关键主题。第一个主题是理性需要判断，换句话说，它并不是一个可以被设置并任其自行运行以产生正确结论的纯粹算法。第二个主题是，理性本身，或以科学的名义体现出来的理性，在道德问题上既不能为我们提供所有我们需要的东西，也不能戳穿道德。这两种主张在某种程度上都是紧缩型的：它们把理性从某个基石中剥离出来，并表明它并不像它的某些热心的支持者所认为的那样无所不能。

尽管如此，这并不是在贬低理性。它不像一些人所认为的那样有力量，但它肯定也不是披着伪装的非理性信念和偏见，更不是利用权力时的障眼法。理性有其力量。在本章中，我希望深入探讨一下这种力量最重要的一个方面：它的规范性特征。这种规范性涉及我们应当做什么、思考什么或相信什么。理性的规范性特征通常被认为是显而易见的。当我们抱怨某人“没有理性”的时候，我们实际上是在说他不应当以那种方式行动。如果某人对“要有理有据”的要求报之以“为什么”的回答时，我们经常发现我们竟然无言以对：如果人们看不出来为什么他们应当有理有据，那他们就无可救药了。

针对这个“为什么”或许有一个比较好的回答。我们错误地认为理性的规范力是理所当然的。如果我们仔细观察它来自何方，我们便能更好地理解理性为何物以及为什么我们应当尊重它。

理性负责为信念提供客观理由

让我们回顾一下理性论证的本质特性。如果一个理由（它可能是也可能不是一个论据）能够为信念提供客观基础，那它就是理性的。做出这样一个针对理性的判断，暗示这样一个理由对我们是有要求的：只要我们能够理解它，它就应该使我们相信我们所认为的是一个值得相信的理由。我们说“相信某事具有不可抗性、可评价的、可理解的、可辩驳的和利益中立的理由”就意味着，你应当基于所提供的这个理由去相信这件事。这未必是道德上的“应然”，而更像理性自身的“应然”——一种类似于我们在“考虑到这个证据，你应当可以看到吸烟是有害健康的”这一陈述中所承认的“应然”。

这是一个很恰当的例子，因为它让我们看到理性的“应然”和道德的“应然”有着清晰的区别。理性要求我们承认吸烟是不健康的，但它并未要求我们不要吸烟。有人说，“我知道吸烟对我不好，但我喜欢吸烟，所以我就吸了。”这个人并不是在挑战理性的规范性。如果他说希望做对自己健康有利的事，但却在看到吸烟有害健康之后依然我行我素，那可以说他是在挑战理性。在这种情况下，如果被问到，这个人几乎肯定会承认他处在非理性状态。考虑到事实以及自己的愿望，他并不否认自己应当换一种生活方式；但同时他也承认，出于这样或那样的原因，他不能或不愿意这样做。

理性自身的“应然”仅仅源自理性自身的性质。首先应明确的一个事实就是理性负责为信念提供客观理由。客观性这一概念本身就包含这样一种理念，即正在讨论的理由并不依赖于某一个体的特定观点，而是具有更普遍的有效性。如果我们认为一个客观理由在所有人看来都是合理的，那么我们就是在承认它在我们看来也应当是合理的。这恰恰是它与主观理由的区别所在。我们可以愉快地拒绝一个主观理由，理由是它所依据的观点太特殊，不适合我们。

理性的规范性体现在理性的论点和理由都具有不可抗性的意义上。一个好的论点会让我们感到我们必须接受它，同时其所依托的基础在原则上也是可以被其他人评价和理解的。因此，如果你感到你必须接受某个论点，那你一定也会感到别人也应当接受这个论点。由于这个基础是利益中立的，因此其他人与你有不同的期望或倾向并不重要。这与某一理性论证的合理性是不相干的。

所以理性论证是具有不可抗性的——它们让我们感觉我们应当接受它们，而且它们之所以不可抗拒，是因为它们在原则上对其他理性主体同样是不可抗的。因此，承认一个论点是理性的和客观的，就相当于承认自己和其他人都应当相信这个论点所证明的内容。

认为理性中存在规范性要素的观点并不新鲜。确实，从某种意义上说，这种理念在历史上毫无疑问地被所有相信理性具有某种客观有效性的人所接受。然而，这种关于理性规范性的标准概念却在一个重要的方面有点误导人。当人们说理性包含一种规范性要素时，他们通常表达的是：

> 如果 X 是理性的，那人们就应当相信它。

此处的规范性源自事实。X 是不是理性的是一个事实问题。事实上，在已经确定的“X 是理性的”这一前提下，有人主张我们应当因此相信它。但这种表达方式存在很大的误导性。正如我们已经看到的，尽管事实与价值之间的区别有时并不像想象的那样清晰可辨，但休谟的基本逻辑点却很明确：你不能从完全非规范性的前提中得出一个规范性的结论。

根据同样的普遍原则，如果理性能产生任何规范性的结论，那都是非常神奇的事情，除非规范性已经以某种方式嵌入其中。由于理性的规范性来自理性的本质，因此这种规范性的根源必定包含在理性本身的性质中。理性、客观性和规范性是不能分开的。接受一个信念而不是另一个信念的客观理由就是人们应当去相信它。判断一个论点是合理的、客观的、理性的，也相当于说人们应当接受它。

从理性的规范性中，可以引申出我所谓的“理性的规范性原则”：

> 我们应当相信最理性地相信的东西。

否认这一点似乎有悖常理。谁会认为，如果有不止一个选项，我们应该相信我们认为最不理性的东西呢？我只能假设那些忍不住那样说的人误解了理性的本质，因此他们才会相信只有否认理性才能保住所有良好的直觉或舒畅的心情。

这里需要强调的是，由于理性中存在一个基本的判断要素，因此这种规范性并不来自某种不带个人色彩的权威。在判断某种东西是否客观的时候，我们也在判断它是否对我们有要求。但我们无法回避这样一个事实，那就是我们正在判断它是否客观，而不是简单地认识到或承认它是客观的。这就是理性不可避免的不稳定性。它一方面要求普遍的有效性，另一方面又始终依靠只有我们自己才能做出的判断。在这一点上并不存在矛盾，只存在一种根本的不安全感。

在我看来，这种不安全感，即使不完全相同，似乎也非常接近存在主义所描述的那种无法逃避的责任感。对于存在主义者而言，我们不能逃避一个事实，那就是对于我们所做的事和我们所相信的东西，我们一直是负有责任的。无论我们多么努力寻找外部权威来为我们辩护，到头来，我们都不得不自己选择是否接受他们的权威。从这个意义上说，理性的每个要求都是针对个人的。与此同时，当涉及什么是理性的或合乎情理的事物时，我们的选择从来都不是完全针对个人的，因为我们的判断隐含着“适用于他人也适用于我们自己”的意思。

萨特在自己著名的演讲《存在主义是一种人道主义》（*Existentialism is a Humanism*）中也表达了非常类似的观点：

> 存在主义的首要作用在于它使每一个人在事实上都拥有他自己，并完全肩负起自己存在的全部责任。而且当我们说一个人有责任为自己考虑时，我们并不是在说他只对作为个体的自己负责，而是指他对所有人负责……在这两者之间做出选择的同时，也是在肯定被选择的那一方的价值；因为我们永远不会去选择糟糕的那一方。我们所选择的永远是较好的那一方；除非某一方对所有人都更好，否则对我们而言，任何一方都不会是更好的。

在萨特的阐述中，重点是选择。但在我看来，如果我们用思考代替判断，同样的基本真理也是成立的。的确，可能会有人把我所主张的有关理性的解释描述为一种更清醒的存在主义。虽然它否认我们可以自由选择任何我们想要的东西，但也承认我们对理性的判断在某种意义上是一种选择，因为在理性的本质中或在这个世界上，根本不存在严格要求我们做出选择的要素。我们感到不得不接受被我们判断为客观的东西，但我们却总是在判断，从不冷静地评价。

理性是如何影响道德的

我曾提出道德不能只建立在理性的基础之上。但与此同时，我也提出理性在道德层面发挥很重要的作用。我认为理性的规范性有助于解释为什么理性处在这么居中的位置——既不是所有道德的基础，也并非与其毫不相干。

道德主张与事实主张具有清晰的联系。为此，我们举一个浅显的例子。为什么种族主义在道德上是不正当的，其中一条最无法抗拒的理由就是经验事实——没有任何证据能够表明任何种族（本身便是一个值得怀疑的分类）在总体上优于另一个种族。一些拥有特定遗传史的人可能与其他人相比具有某些优势。例如，来自东非大裂谷附近山区的长跑明星所取得的巨大成功，可能至少在一定程度上可以归功于数千年来生活在高海拔地区的人们的红细胞数量天生就比正常值高。但类似这样的特定优势是极为罕见的和边缘的，而且没有任何办法能够证明任何特定的种族群体总体上是优等或劣等的。

因此事实表明，你应当相信没有哪个种族会优于任何其他种族。不过这个例证并未明确地解决种族主义的道德问题。为什么会有人接受这种事实主张，但依然觉得有权根据种族或肤色特征歧视他人呢？在这方面可以找到很多理由（很遗憾，都不能说服我）。例如，一个人可能会搬出证据说，面对感觉与自己不同的人，几乎每个人都会隐含某种偏见，并由此得出结论："歧视是很自然的事情"。将这种论调与一种我们有权遵从我们自然本性的理念结合起来，你就会看到一种为种族主义寻找正当性的尝试，但它无法否认我们应当承认所有种族都是平等的。

下面是一个我们之前已经讨论过的例子：理性没有绝对的能力决定什么是正确的和什么是错误的。尽管如此，我还是提出，很多事实主张的规范力确实也应当对我们的道德思维产生影响。"所有种族事实上是平等的"增加了"我们应当平等对待他们"这一判断的分量——即使它并未严格要求得出这一结论。至少它转移了论据的负担（此处如果使用“证据”一词可能过于强势了）。如果没有经验基础来支持那些认为某个种族具有优势权利的信念，那么在缺乏充分的歧视理由的情况下，人们追求权利平等只是基本诉求。

我们应该相信什么和我们应该做什么之间存在联系的一个原因是，信念很少是完全理论化的。例如，人们相信坚果有益健康。该理念中的“有益健康”就是一个实践概念，它意味着某种东西对你有好处，有助于你的健康饮食。因此，在这个词的词意中蕴含着一个实践维度。

在此，我们用一个词——“praxic”（实践）来代表此类词。如果理解正确的话，它们已经包含了某种实践的含义。我想说的是，我们所拥有的大量表面上符合事实的信念都是具有实践属性的，这是因为我们在生活环境中坚守它们，在这样的环境中，它们无论真假都具有一定的实践意义。承认它们为真就是接受它们应该会影响我们行动的决定。如果我们觉得冷，那么某杯茶是热的便是我们喝它的理由。如果钱不够，那么某台车便宜便是我们考虑购买它的一个理由。

传统上，我认为大多数哲学家都会一针见血地指出一个信念的事实内容和它可能拥有的任何实践意义之间的区别。所以“茶是热的”和“车是便宜的”只是简单地表达了在实际环境中可能会用到的东西，它们并不属于我所定义的实践范畴。不过我认为这种看似简单的分类是站不住脚的。这些概念只在以实践为中心的环境中才有意义。“茶是热的”只针对喝茶的环境，而“某台车”可能也只在特定的消费者面前才是便宜的。这两个事实仅仅是事实而已——除非我们了解它们的实际意义，否则我们甚至都不会做出表态。

同样地，类似“不同的”和“优越的”这样的词也具有实践属性——取决于它们的使用环境。例如，在创造性工作中，“不同的”暗示（其他条件都是相同的）有某种东西值得关注。即使某项工作失败了，如果我们指出它带来了一些不同，就相当于指出它有值得注意的地方（这或许就是为什么那些努力想对一件艺术作品说点好话、表达善意的人，往往会主动说它与众不同）。“优越的”总是与实践挂钩，因为任何事物永远都没有绝对意义上的更好或更坏，但就特定目的而言却是有的。如果我们说一个人与另一个人相比是一位不错的音乐家，那这可以成为选择观看他的演出而不是另一个人的理由，但不可以成为在法庭上给予他更大权利的理由。

很多术语都含有实践成分的理念使我在本章中介绍的“规范性事实”的概念变得丰富起来。当事实本身包含类似什么是好的或正确的，以及什么是我们应当做的之类的理念时，其就是规范性事实。借用康德的术语，当实践元素涉及某些不仅仅属于假设的需要时，这种规范性就会经常（或许应当说“总是”）出现。我们回到便宜车的例子上。如果说它便宜可能是购买它的一个理由，但只有当你希望买一台车而且手中的资金有限时，这个理由才有意义。然而，如果说不同民族的人是平等的是一个平等对待他们的理由——不考虑你的目标和所处环境——那么所有其他事情也都是平等的。

尽管我赞同很多认为信念和概念拥有实践属性的理念，但即使你想要清楚地区分纯粹的事实与其实际应用，我的核心观点也是适用的。这可以简单地通过观察事实和它的实践意义之间联系的紧密程度来实现，一个简简单单的事实在被放入现实环境后，它的实践意义立刻就能显现。一旦这种情况发生，规范性便会被引入其中。我再说一遍，我并不是在说我们应当根据简单的事实自动地去行动；相反，那些看似简单的事实经常会对我们判断我们应当去做什么产生重要的影响。“实然”并不暗示“应然”，但在众多的“实然”中，正潜伏着“应然”。

“理性”的哲学家们的脾气

判断和信念浸没在规范性中，可以在某种程度上解释哲学生活中一个看似令人不解的特征：为什么哲学家会因自己的论点和理念变得如此激动。哲学给人的一贯印象是，这是一门枯燥乏味的学科，但我们从经验中得知，人们非常关心自己的论点和理念。维特根斯坦向伯特兰·罗素掷出扑克牌可能是一个例外，但当论点的合理性受到威胁时，人们的激情便会突然迸发。研讨会上克制的发言和期刊论文上一本正经的书面语言掩盖了这一点，但任何与哲学家打过交道的人都知道，他们也是有脾气的人。偶尔地，这种冲突也会在公共场合爆发。最近就发生了一场很不优雅的辩论。科林·迈克金（Colin McGinn）将泰德·洪德里奇的书斥为“劣质的、荒谬的和灾难性的”。当迈克金否认这种尖刻的语言是其个性使然时，洪德里奇回应道：“迈克金说出这番话并不令人奇怪，因为他是月球上的哲学家。地球上没有人会相信他的评论不是出于恶意。”

类似这样在公开场合爆发的事是不常见的，但至少拍桌子的欲望比在学术礼仪约束下提出建议更为常见。对于这一点，我们也许能找出很多理由，但我想说的一个理由是，当我们认为我们拥有一个理性的论点时，我们不可避免地会认为其他人也应当接受它。如果我们认为所有信念都是可辩驳的，以及所有哲学家都是易犯错误的，那这种心理可能会缓和一点，但这种缓和可能并不起什么作用。当我们不清楚将来会怎样时，相信原则上我们可能是错的，对我们的信念起不了什么作用。只有当我们严重质疑我们的论点的正确性时，我们才会严肃地承认别人不应该理性地被迫同意我们的观点。

我认为，学术上的诚实要求哲学家们更公开地承认这种普遍的规范性。不说别的，这种规范性可以解释哲学的重要性。我们并不只是在争论孰是孰非，我们还在讨论我们应当思考什么。说服不同于理性论证，但每个理性论证都是而且应当是一次说服的实践。理念之所以重要仅仅因为我们应当相信正确的理念。因此从某种意义上说，哲学中的理性从来就不是无利害关系的。

本章小结

理性自身的“应然”仅仅源自理性自身的性质。首先应明确的一个事实就是理性负责为信念提供客观理由。客观性这一概念本身就包含这样一种理念，即正在讨论的理由并不依赖于某一个体的特定观点，而是具有更普遍的有效性。

需要和愿望以及好与坏的状态都是一种客观存在。这些都是包含价值元素的“规范性事实”的源泉。

规范性事实通常是“实践的”：其中包含某种实践意义。

因为规范性事实和实践事实都是客观的，所以它们都是理性主体的一部分。因此理性并不仅仅是无利害关系的理性，它还独立于与价值无关的事实和逻辑之外。

当涉及什么是理性的或合乎情理的事物时，我们的选择从来都不是完全针对个人的，因为我们的判断隐含着“适用于他人也适用于我们自己”的意思。

那些看似简单的事实经常会对我们判断我们应当去做什么产生重要的影响。“实然”并不暗示“应然”，但在众多的“实然”中，正潜伏着“应然”。

The Edge of Reason
A Rational Skeptic in an Irrational World

第四部分

如果让哲学家治理国家会如何

“我亲爱的格劳孔，除非社会上有哲学家当国王……否则政治纷争乃至更普遍意义上的人类纷争可能永远没有终结的时候。”苏格拉底在柏拉图的《理想国》中提出的这一大胆断言遭到了与他对话的人的怀疑。“你说的这是什么话呀！”格劳孔警告苏格拉底，要警惕“一大群人——而且还不是二流民众——赤膊上阵，就近抄起武器，朝你冲过来，那气势就仿佛要实现英雄伟业一般”。

在人类历史上从未出现过哲学家主政的情况，也就是所谓的“智者统治”（sophocracy）。尽管如此，柏拉图心目中的哲学家统治者导致了一个非常有影响力的理念出现：除了所有其他假设的智慧之源外，理性也拥有澎湃的力量，而我们也非常善于利用它在理性原则的基础上构建社会。

这种理念很有吸引力。毕竟，谁会赞同构建一个以非理性原则为基础的社会呢？但我们必须非常小心。经验告诉我们，这种认为我们可能知道理性对我们的要求的理念，比我们想象的更类似于我们可能知道上帝对我们的要求。在这两种情况下，人类往往过于相信自己有能力获得关于人类应该如何生活的某些客观事实。其结果往往是以开明、自由为幌子的暴政。

对理性的呼唤是强有力的。我们很容易为这样的情感喝彩：“当世界万物都呈现本来面目的时候，愚昧将走向终结；当每个人都有机会获得有关世界万物的知识时，愚昧将走向终结。”但当我们看到这番话出自利比亚前领导人穆阿迈尔·卡扎菲之口时，我们不得不停下来思考一番。在倡导一个更加理性的国家之前，我们的确应当认真思考一下理性的真正含义是什么。

The Edge of Reason
A Rational Skeptic in an Irrational World

第 10 章 理性的国度

政治必须要使这个世界往好的方面发展，这意味着它在本质上是实用主义的。政治思维必须比苏格拉底在与格劳孔的讨论中所建议的更加严格地以经验为依据。

随手翻开伏尔泰劝诫众生的著作《老实人》(*Candide*)，我看到了这样一行文字："在最理想的世界里，诸事皆圆满。"这是迄今为止我所听到的最具悲喜剧特点的谎言之一。这是因为大自然不仅是变化无常的，而且往往很残酷。我们人类很难声称已经通过最理想的公平与效率组织了我们的人间事务。当美国歌手普林斯唱着人们养不起自己孩子的歌谣时，我们正在把人类送上月球，他用歌声再现了全世界的人们在家庭里、在咖啡馆里、在酒吧里和市场中吐露了无数遍的情感。

我们治理社会的方式明显是非理性的，因此后续的结果也是显而易见的：在一个现实的世界里，如果我们能多一些理性，那一切至少会变得更好。

如果情况真的如此，那将非常具有现实意义。然而，从历史的角度来看，许多在更理性的基础上建立社会的尝试都遭到了惨重的失败。理解力会帮助我们更好地了解理性的本质是什么，以及如何最好地利用它来为建设一个更美好的世界服务。

苏格拉底的错误——从理论到实践

柏拉图的《理想国》是人类以更理性的方式重新思考政治的最早也是最糟糕的尝试之一，但其也是最具启发性的尝试之一。它还是迄今为止人类构想的最不可行、最没有吸引力的乌托邦之一。在柏拉图所倡导的社会里，专门有一个卫士阶层。这个阶层的人是从小就开始培养的，“妇女和儿童在卫士阶层中是共有的”。统治者“为了自己臣民的利益不得不使用大量的谎言和欺骗”，这些谎言如“让我们最棒的男人与我们最棒的女人结为夫妻”，以及“只抚养最棒之人的后代”。

幸运的是，还没有人真正尝试创造这样一个乌托邦。可能柏拉图都不认为有人应当对此进行尝试。对话的最终目的在于通过类比，借助国家层面的正义阐明个体层面正义的本质，因此它很有可能从未被设想成一个可行的蓝图。即使柏拉图是完全真诚的，《理想国》也必须放在雅典的衰落和柏拉图对民主制度的幻想破灭的背景下去阅读，因为正是民主制度决定了苏格拉底的死刑。

然而，《理想国》是一定要读的，因为我们可以从中发现一个错误的根源，这个错误在那个时代之前和之后一直妨碍着政治思维。这一根源是通过苏格拉底与格劳孔之间简短的对话展现出来的，紧接着柏拉图提出，在他的“理想国”中，国王应当由哲学家来担任。苏格拉底首先问格劳孔是否赞同隐藏在他的论述背后的原则。“实践会永远与理论保持一致吗？”他追问道，“不管人们怎么想，实践比理论更接近真理，难道不是事物的本质吗？”

这是两个极具启迪意义的问题。它让我想起在一部小说中的访谈节目中，主持人艾伦·帕特里奇（Alan Partridge）声称有一套“百发百中”的博彩系统，而且他已经试验了很多次——在他的脑子里。当然，观众听到后立刻大笑了起来。我们已经开始怀疑那些仅在纸上或头脑中形成的想法，因为我们认识到，检验任何实际方案的试金石就是它是否有效。今天，如果有人说“它在理论上非常完美”，这句话的含义几乎等同于它在实践上是行不通的。苏格拉底的问题引出了一个完全相反的思考方式。理论是正确的，如果实践是不完美的，那就是实践的错误，而不是理论的。柏拉图的这些思想清晰地表达出一个通常隐藏在幕后的假设：我们应当充分信赖社会运行理论的正确性，然后着手制定一套事实上可以改变社会的具体政策，来使其尽可能地接近这个理论。经过几番交流之后，这一假设逐渐清晰起来。苏格拉底说，他们需要解决的问题是“考察当前其他国家的宪制中存在什么妨碍他们像我们一样治理国家的错误”。

确实，对柏拉图而言，这就是理论的先进性。坦白地说，我们甚至不必过于担心它的实用性如何，只要相信它可以作为社会组织的一个向导就足够了。“不必拘泥于让我看到我们所描述的每一个细节都能真正实现，”苏格拉底说，“而要承认如果我们能够满足一个最接近社会实际运行的条件，那我们就应当已经满足了你有关实现它的可能的要求。”

这是一个注定在历史上反复出现的致命错误。阿马蒂亚·森（Amartya Sen）在《正义的理念》（*The Idea of Justice*）一书中对其进行了抨击。森批判了柏拉图所谓的解决正义问题的“先验”方法。这种方法的工作原理是首先识别完美正义的简单、清晰的外在表现形式，然后试图引导社会尽可能地接近这种行为典范。森对此提出了两条反驳意见。

其一，就像善行一样，正义也可能具有多元化特征。你可以认为做某些事是正义的，但试图将其浓缩为一个典范便会导致扭曲或损失。为了阐述这个观点，森讲了三个孩子和一支长笛的故事。有三个孩子都声称笛子属于自己。第一个孩子说，她是唯一一个会吹笛子的人；第二个孩子说，他是唯一一个没有其他玩具的人；而第三个孩子则说是她制作了那支长笛。森指出："如果没有一定的专断性，我们可能无法认定哪一个可供选择的论点能够不可避免地占据上风。"因此，普遍意义上的正义可能代表了根据需要、努力或能力分配资源，以充分利用这种资源。森认为，我们必须认真对待"正义的多元和相互竞争的理由的可持续性，所有这些理由都声称是正义的，但它们是互不相同的，并且相互竞争。"

其二，很显然，那种先验的方法并不是创造一个更正义的新世界的最佳方法。我们不需要通过任何类型的完美正义典范来定义最糟糕的不正义行为，并寻找减少它们的途径。在任何妇女没有与男人实现同权的地方，我们都应当去抗争，这样她们才能拥有同等的权利，我们在做这样的努力时并不需要诉诸任何在哲学上充满争议的正义概念。"在面对不同的理由时，我们可能会产生一种强烈的不正义感，"森写道，"而且我们还不能达成一致，将某一特定原因视为不公正判断的主要理由。"

我认为森是正确的，但对于柏拉图的方法还存在另外一个值得探讨的问题。柏拉图在理论和实践之间建立起了二分法，其中理性属于理论的一方。在柏拉图的理性主义思维中，在纯粹的智力领域，思想通常与完美更为接近，当它们被应用于混乱的外部世界时，它们就失去了自身水晶般的清澈和完美。柏拉图极力追求思想的理想化，但我认为他的基本偏见隐藏在后世很多政治思想家的思想背后。他们的共同错误在于，认为我们对我们有关什么是善行和正义的理解力是有自信的，所以接下来的问题就是塑造现实以使其尽可能接近他们的思想——原则是第一位的，实践只是细枝末节。

这或许就是“实用主义”一词在政治领域不讨人喜欢的一个原因，因为它经常被塑造成原则的对立面。此处实用主义的意思是使你的理想做出妥协，以适应现实世界。这是一个严重的错误。政治必须要使这个世界往好的方面发展，这意味着它在本质上是实用主义的。一个不能实施的原则就是一个不好的原则。政治思维必须比苏格拉底在与格劳孔的讨论中所建议的更加严格地以经验为依据。这不仅是因为我们在实践中可能会不正确地应用我们的理论，还因为实践可以证明理论是错误的。苏格拉底是这样说的，如果在他的“理想国”里，事情没有成功，那只能说明实施过程存在错误。我们丝毫看不到他愿意接受以下观点的迹象：实际的失败可能会暴露出理论的问题。

政治推理不能是先验的。经验必须发挥更积极和持续的作用。每当我们通过推论得出什么是最好的东西时，我们都要求助于经验以检验它是否正确。这种实证验证甚至比任何逻辑验证都更加重要，因为后者仅仅考察推理过程是否符合文字上的逻辑原则。例如，我们可以很容易地推断出，既然经济平等是好事，而且我们可以通过重新分配财富来实现更大的平等，那这样说来，重新分配财富也是好事。但我们必须很清楚这种重新分配实际上是如何进行的，才能知道这个推论是否合理。比如，事实上可能是，再分配产生了意想不到的后果，这些后果是如此糟糕，以至于它们远远超过了平等带来的好处。至少我们需要意识到，在原则上赞成重新分配，并不能告诉我们在实现再分配的无数方法中哪一种更有效。所有艰苦的工作都是参照经验进行的，而不是从前提到结论的推理过程的理论有效性。

通过这种方式，我们可以看到，政治推理是自下而上而不是自上而下的。理性需要重视信念的客观理由，很多最为重要的此类理由都是由我们在世界上观察到的东西提供的。事实上，我们所观察到的东西是最为重要的。例如，如果我们试图仅通过考察概念而完全不参考我们在这个世界上感知到的正义或不正义来理解正义，那是没有希望的。这也正是神圣罗马帝国皇帝斐迪南一世的荒谬之处，他曾说："纵使世界毁灭，也要伸张正义。"

这样理解的话，经验不仅提供了推理的内容，还塑造了推理的形式。经验不仅给了我们论证的前提，还告诉我们很多关于我们应该合理地相信一个好的社会是什么样的知识。以家庭关系对人类生活的重要性为例。只有在一些拙劣的政治哲学中，我们才会以此为前提，将其与其他要素结合起来创造一个演绎论证。与之相反的是，我们很容易看到家庭关系对几乎所有人的重要性，这也是我们珍视和尊重家庭关系的一个理由。柏拉图没有意识到这一点，因为他并未充分注意到是什么在实际发挥作用，而是太沉迷于希望理性告诉他最美好的东西是什么。如果实践理性在思想者的头脑中驻留的时间太长，那它就无法很好地发挥作用。

保守未必意味着怯懦

"必须对现实给予应有的注意。"这是罗杰·斯克鲁顿（Roger Scruton）雄辩地阐述的伯克保守主义哲学的基本真理。对斯克鲁顿而言，社会就像一个活的有机体，而个体却不是自由主义所描绘的那种与众不同的、自主且自我决定的"原子"，而是整体的一部分，只有当整体繁荣的时候，个体才会繁荣。这意味着人的生活只有被理解为社会历史的一部分时，才会有意义，我们的价值观才有传播的机会，各种哲学流派才有繁荣的可能性。

对保守派而言，这一政策的结果是，我们需要保留我们社会的制度、习俗和惯例，这样我们才能在这个社会里繁荣发展下去。因此保守主义是"社会生态学的一次实践"，它的目标是"将秩序和平衡——如果可能的话——传递给后代，而我们就是这些秩序和平衡的临时受托人"。我们不应该做的是，从一张白纸开始，确定理想的社会是什么样子，然后试图重新组织社会，以满足这种乌托邦的愿景，而不管现在的社会如何。这是一条通往毁灭的道路。

与这种观点相关的是 19 世纪英国牧师查尔斯·凯莱布·科尔顿（Charles Caleb Colton）的观察。他认为“推倒远比建设容易；毁灭远比保护容易”。社会是一个长期渐进演化过程的产物。站在客观的立场上，似乎很难看出为什么它的任何特定部分都是至关重要的。但是，那些看似不合时宜的东西——比如在英国，上议院、君主制和成文宪法的缺失——都是几个世纪以来逐渐适应的产物。当我们摧毁这些制度，用理论家设计的某种东西取代它们时，我们就会冒抛弃历史智慧和先人智慧的风险，代之以某种根基甚浅的东西。不仅如此，我们还要经过很多年的过渡才能抛弃旧体系，取而代之的是某种未经尝试和检验的东西。在保守派的眼中，这是愚蠢的和狂妄自大的。

这样看来，保守主义的基本真理便浮出了水面，即社会是一个脆弱的“生态系统”，人们应当始终小心翼翼地对待它的改革。改变越剧烈，造成危害的风险就越大。改革越是顺应社会的潮流，成功的机会就越大。因此，在进行任何改革之前，我们都需要认真思考，改革是否真的有必要，是否符合社会现实，以及是否与社会发展规律相一致。

一个人不必为了接受在此清晰表达出来的基本事实而成为一个保守派。这些论据中没有任何东西能够证明任何特定的政治性政策是正确的。毕竟，只有最顽固的保守派才会说，他们的哲学要求社会决不发生改变，永远不改革。例如，没有哪位受人尊敬的保守派会主张，我们应当保留奴隶制，或继续剥夺妇女的选举权。因此，任何习俗或制度都是历史的产物，是赋予公民认同感的历史的一部分，但这一事实并不能成为反对改革的理由。保守主义并没有规定什么时候改革是必要的、什么时候是危险的，它只是警告我们要格外小心行事。

我认为，自由派和左派也需要接受这种保守的观点。这就要求我们扩展理性社会的概念。理性要求我们密切关注事物现在的状态，它们是如何运行的以及它们是如何演化的。在设计一个美好社会的过程中，首先必须审视我们所处的社会环境，因为我们不可能从零开始建设一个新社会来取代旧社会。这是一种最充分、最完全的利用理性的方式。对当今世界的偶然性给予应有的重视不是为了淡化理性，而是要用精确的数据来强化它，使其能够借助更多、更好的理由来得出正确的结论。

这种方法由继承柏拉图衣钵的亚里士多德首先提供了例证。亚里士多德用来探讨政治的方法有两个特点是柏拉图所缺乏的。一是，他首先考察了当前存在的政治体系，发现了它们的相对优势和劣势。他从未错误地从纯抽象的角度去思考寡头政治、民主政治或君主制的优缺点。二是，他有一个非常现实的预期，即政治哲学从来都不是清晰、明确的，一定程度的不清晰和不精确是不可避免的。“如果我们的叙述清晰明了、符合主题，那就足够了，因为这样的精度并不总是能够在讨论中获得，”他写道，“因此在政治上，我们应当满足于……粗略地、概括性地论证真理，因为我们是在概括的基础上进行归纳整理的，所以我们应该沿着同样的思路得出结论。”

亚里士多德对理性依赖的程度并不比柏拉图少。当他承认那些与政治相关的理性辩论理由从本质上来说都不确定时，他实际上是非常理性的。尽可能地理性意味着不要试图从理性中获得超出可能性范围的东西。这一点在政治领域尤为正确。

我们并不是绝对理性的“经济人”，而是“现实人”

当然，糟糕的政治推理并不局限于左派。在自由市场经济时代，人们对人类行为合理性的信任达到了顶峰——也可能达到了谷底。在 20 世纪到 21 世纪的大部分时间里，自由市场经济一直是主流。2000 年，诺贝尔奖得主、经济学家丹尼尔·麦克法登（Daniel Mcfadden）在美国经济协会（American Economic Association）所做的主席报告中对这一认识进行了精辟的描述。他说，经济理论和意识形态是建立在这样一个原则上的：消费者有明确的偏好，他们的行为一贯是为了促进自身的利益。大多数经济学家都接受消费者这一概念，以及一种维持去中心化的竞争市场效率的经济理论。

这种人类形象一直被称为“经济人”（Homo ecomomicus），麦克法登将其描述为“拥有至高无上的品位、锐利的眼睛，能够准确地感知风险，并不懈追求幸福的最大化”。然而，经济学家们后来才意识到，这种人是麦克法登所说的稀有物种，远远不能代表常态；相反，“现实人”在偏好上往往是不确定或不明确的，而且目光模糊，风险评估能力差，在最大化幸福方面前后矛盾。

对“经济人”模型最常见的批评就是，人类显然无法做到模型假定的那样理性。公平地说，对于那些使用模型的人，我不确定“经济人”模型是否曾被认为是一种有关人类本性的成熟理论。经济学家们一直都很清楚，并非所有人在任何时候都会表现得像一个完美的理性自我最大化者，但他们却假设这就是人们的行为方式，因此围绕人口聚合而成的经济模型便可以在这样的假设下运作：“经济人”提供了一个相当“体面”的人类行动模型。他们之所以能够这样做的一个原因是，可以假设——或者可以认为——人们通常会理性行事。因此针对“经济人”存在一个规范性元素，即如果人类可以理性行事的话，他们该如何去做。

我认为这种假设是错误的。这不仅是因为人类并不像“经济人”模型假定的那样理性，还因为“经济人”模型有关理性意味着什么的假设是错误的。首先，以理性行动者拥有“定义明确的偏好”和“至高无上的品位”这两个理念为例。如果我们的欲望真的如此恒定和清晰，那我们的生活自然会更容易一些，但这会使我们更理性吗？我看不到肯定的理由。毫无理由地改变欲望和偏好是不理性的，从根本上讲，根据环境的短期变化来改变它们，或根据环境的长期变化来发展它们也并非不合理。生活是一个动态的过程，同样的选择在不同的时间可能会有不同的含义。举一个简单的例子。今天选择手撕猪肉三明治，明天选择鹰嘴豆沙包是很正常的事情。我们厌倦了某些东西，而另一些东西的新奇给了我们临时喜欢它们（而不是更持久的喜爱）的理由。在更为严肃的问题上，我们愿意与谁一起生活也可能会随着时间的推移而改变。彼此相爱的人做出分手的决定时虽令人悲伤，但并非不合理。

那种认为人类拥有稳定偏好的模型在我们大多数人认为相当怪异的人身上得到了最好的体现，比如有的人每天都吃相同的食物，因为这样可以使他们在补充能量方面花费最少的努力和思考。以代餐食品为例。所谓代餐食品（Soylent）是一种将预先加工好的食物粉末与水混合制作而成的完整食物。根据理性的定义，我们靠这种代餐食品维持生存是理性的吗？如果你对食品美学完全没有兴趣，或者相信吃饭的唯一目的就是为身体引擎提供燃料，那么这是再合理不过的事情了。而我们中那些并不属于上述任何类别的人也未必不是理性的，他们只是拥有一个关于如何生活得更好的想法，也就是适当关注食物带来的乐趣。

人们通常是有矛盾心理的，但这种心理可能并不源于任何非理性的困惑。例如，有些好处与不生育孩子有关，这样的夫妻可以因此全心全意地追求自己的职业发展；有些好处则与生育孩子有关。我们几乎不可能同时让这两种好处实现最大化，妥协是不可避免的。有些人发现很难决定该走哪条路或做出何种妥协，这并不一定只是因为他们没有进行正确的思考。试图满足两种相冲突的欲望是不理性的，但拥有相冲突的欲望并不是不理性的。因此，拥有清晰、稳定和明确的偏好，无论如何都不是理性的定义。一个人在欲望上的一致性并不等同于他在审视自己的欲望时能够理性地保持一致。

“经济人”的第二个特征是对风险的直接感知。毫无疑问，人类对风险的反应往往是非理性的。这方面一个非常有名的例子就是，“9·11”事件之后，人们对交通工具的偏好从飞机转向了汽车。但由于开车实际上比坐飞机更危险，这导致了更高而不是更低的死亡率。在恐怖袭击的次年，作为偏好转变的结果，据统计，有 1595 人死于道路交通事故。

尽管如此，对于一个真正理性的应对风险的方法究竟是什么样的，我们一无所知。以购买国家彩票为例。经济学家倾向于认为这种行为是非常不理性的，因为只有约 50% 的赌注被作为奖品返还，这意味着从长远来看，普通玩家可能会输掉一半的赌注。理性的假设是把彩票当作一种金融投资方式，但没有多少彩票玩家会（甚至他们中的大多数都不会）认真思考这个问题。他们只是觉得这是一种乐趣，而大部分赌注资金都捐给了慈善机构。花少量闲钱购买某种东西，以此资助慈善事业，并激发自己的些许幻想——有机会赢得一大笔钱，这种做法难道不理性吗？这个问题没有明确的答案，但答案显然不会是否定的。

同样的问题也出现在对风险的其他认知上。经济学家们认为，理性的做法是单纯地按照一种或好或坏的结果概率与采取行动或做其他事情的成本之间的统计关系来对待每一种选择。很显然，在这个假设中，成本与收益是可量化的。但在现实生活中，当它们成为复杂的偏好与欲望之网的一部分之后，这种假设往往就变成了不可能发生的事。

我们以一个重大购买决定为例，比如，是否购买一套房子。经济学家会致力于寻找一种方式，做出长期利润最大化的选择——尽量在某个时间点和某个地点购买，以实现资产增值潜力最大化。当然，由于我们会居住在购买的房子里，因此我们还需要喜欢它。而且我们也许会发现，我们在做选择时，过多考虑长期回报可能不利于我们过上自己所看重的那种生活：我们不希望被房子的价格和价值所束缚。因此，我们可能会理性地决定，不去过多思考什么是我们的长期经济利益。

正统的经济学家可能会接受这一点，并认为它与模型是相符的。这是因为该模型假定我们为一切事物都赋予了一定的货币价值，其中包括不与金钱直接相关的事物。因此，按照正统经济学的解释，在选择任何事物时，如果我们宁愿损失金钱也要拥有它所带来的福利，那这种做法也是理性的。在极端的情况下，比如对于苦行僧和乞丐，可能再多的钱也不足以补偿他们失去简单的、没有物质负担的生活方式所造成的损失。对普通人而言，万物都有其价值。我可能会理性地选择住在自己喜欢的地方，从而放弃一处在未来 10 年能获益 5 万英镑[①]的房产，当然，这也可能会让我避免损失 50 万英镑。因此，我的选择是否理性，取决于我付出的经济代价是否值得。

但这种分析遗漏了关键的一点，那就是很有可能会发生这样一种情况：如果我们做出了一个严重违背我们长期经济利益的决定，我们很可能会后悔，但这并不是因为我们总是可以为我们所看重的非金融物品设定一个金融资产价格。经济学家会坚持认为，这显然是每个人都会遇到的情况，不过这种坚持没有什么意义。这种貌似合理的坚持基于这样一个事实：你几乎总是可以让某人回答一个假设性的问题，即他们愿意接受用多少钱来交换他们真正看重的东西。这被用来作为万物都有价值的证据——不包括某些人以及一些珍贵的物品。当然，在现实世界中，我们很少会面临如此明确的选择和确定的结果。万事都有风险，而某些风险是我们根本不想去承担的。我们不希望冒险住在一所我们不喜欢的房子里，因为我们认为，从长远来看，我们会逐渐富裕起来，或者我们可能不希望为了挣一大笔钱而冒损失少量养老金的风险，即使这种损失的风险很小。这种做法是非理性的吗？不是，因为这些决策不能简单地归结为风险收益分析，其也取决于我们是否愿意从一开始就花时间做这样的分析。

"经济人"的第三个特征是，他们"坚持不懈地追求幸福最大化，并始终以自身利益为导向"。为什么追求自身利益是最理性的呢？如果说理性意味着采用一种

---

① 1 英镑≈8.81 元。——译者注

客观的观点，那么更高程度的理性将涉及更少而不是更多的自我关注。例如，为彼得·辛格所推崇的功利主义始于一个前提，那就是从理性的角度出发，人人都是平等的。如果道德上正确的做法是增加人类福祉，那么我们应该尽一切努力去做，即使这意味着我们可能达不到本可以达到的富裕程度。有关这一特征在实践中意味着什么，辛格举过一个非常引人注目的例子——一个叫泽尔·克拉文斯基（Zell Kravinsky）的人把自己 4500 万美元财产中的大部分捐给了慈善机构，并把一个肾捐给了一个陌生人。他的想法非常简单：他捐肾的死亡风险是 1/4000，但如果他不捐，他自己生命的价值就是那个陌生人的 4000 倍。我们也许有很好的理由来反驳这个结论，但我们需要持一种更客观、更理性的观点，而不是简单地说一句“要爱惜自己的身体”。

因此，总体而言，那些以“经济人”模型为基础构建的理性经济学充满了基本错误。问题不在于追求理性本身，而在于其假定理性是简单且不证自明的。否定欲望和价值的复杂性和多元性，不会使人类变得更加理性，只会使他们变得更加简单。如果用风险算法管理生活意味着要把自己当作一台捞钱机器，那么那样做也是不理性的。而且把自己的幸福放在首位也不叫理性，那叫自私。

简化的现实模型可能是一种致命的诱惑

如果“经济人”模型明显是错误的，那为什么它曾经红极一时？这其中显然是有原因的，其中一些原因我在前文中已经提到过。但特别值得注意的是，采用简化的现实模型使现实世界看起来似乎很容易驾驭，这是非常诱人的。

在“经济人”的案例中，它的吸引力在于其允许经济学家开发简单的模型，这个模型使他们能够在严格的计算基础上建立自己的学科。简言之，“经济人”的假设让经济学变得更容易驾驭。这是该学科特有的弱点。例如，流行病学家迈克尔·马尔莫特（Michael Marmot）曾报告称，一位资深经济学家告诉他的同行，健康是对财富的贡献，而不是相反，因为这在他们的方程中更容易建模。这或许是对的，但如果这些数据没有捕捉到它们本应捕捉的信息，那科学家们宁愿选择艰涩的数据也不选择凌乱的事实的行为就是不理性的。

更加难以接受的是，这个世界太复杂，而理性又太弱小，以至于我们无法设计出可以一举解释所有问题并规定我们应当做什么的政治解决方案或经济模型。但这恰恰是我们必须要做的。理性必须清楚其局限性，尤其是在政治和经济领域，因为不尊重它们往往会导致灾难。

本章小结

政治推理不能是先验的。经验必须发挥更积极和持续的作用。每当我们通过推论得出什么是最好的东西时，我们都要求助于经验以检验它是否正确。这种实证验证甚至比任何逻辑验证都更加重要，因为后者仅仅考察推理过程是否符合文字上的逻辑原则。

我们不应该做的是，从一张白纸开始，确定理想的社会是什么样子，然后试图重新组织社会，以满足这种乌托邦的愿景，而不管现在的社会如何。这是一条通往毁灭的道路。

理性要求我们密切关注事物现在的状态，它们是如何运行的以及它们是如何演化的。在设计一个美好社会的过程中，首先必须审视我们所处的社会环境，因为我们不可能从零开始建设一个新社会来取代旧社会。这是一种最充分、最完全的利用理性的方式。

对当今世界的偶然性给予应有的重视不是为了淡化理性，而是要用精确的数据来强化它，使其能够借助更多更好的理由来得出正确的结论。

拥有清晰、稳定和明确的偏好，无论如何都不是理性的定义。一个人在欲望上的一致性并不等同于他在审视自己的欲望时能够理性地保持一致。

否定欲望和价值的复杂性和多元性，不会使人类变得更加理性，只会使他们变得更加简单。如果用风险算法管理生活意味着要把自己当作一台捞钱机器，那么那样做也是不理性的。而且把自己的幸福放在首位也不叫理性，那叫自私。

采用简化的现实模型会让现实世界看上去更容易控制，但诚实而真挚的推理者不会为了维护“理性有力量”的幻觉而简化理性所面临的挑战。

The Edge of Reason
A Rational Skeptic in an Irrational World

第 11 章 政治理性

不能将民主与理性割裂开来。唯一公平和可行的政治制度就是那些以审慎的理性为核心的制度，因为理性是协商政治分歧的唯一正当工具。

有一种理念认为，哲学家国王和其他知识精英应领导大众。隐藏在这一有缺陷的理念背后的是对理性的力量和人类使用它的力量的夸大。尽管如此，现实的理性概念必须成为政治进程的核心。在公共领域抛弃理性不仅是荒谬的，而且是灾难性的。

明确而清晰地表达对理性的需要及其在政治中的作用始终都很迫切。无论是从近期、中期还是从长期来看，民主和自由的发展一直呈上升趋势，这似乎很令人安心。自由议会（Freedom House）是一家致力于衡量此类事物的主要的非政府组织。1975 年，该组织仅将 40 个国家列为自由国家，占世界独立国家的 25%。到 2014 年，这两个数字分别上升到 88 和 45%。然而，我们有充分的理由认为，这些进步是脆弱的和可逆的。

我的观点是，不能将民主与理性割裂开来。唯一公平和可行的政治制度就是那些以审慎的理性为核心的制度，因为理性是协商政治分歧的唯一正当工具。但问题是，它也是许多人想要搁置的一种工具。在整个欧洲，人们对世俗的民主进程日益失望，并转向民粹主义，同时要求将宗教带回公民生活的核心。我们必须了解为什么这两股潮流都是危险的，以及该如何应对它们。

政治只有多元化才能平衡各方的诉求

当西方领导人在世界舞台上宣扬他们的价值观时，他们倾向于谈论民主和自由，仿佛它们是不证自明的好事。如果我们问为什么我们应如此重视它们，其中的一部分答案却很少被正确地理解，这就是多元化。

从最普遍意义上讲，多元化是指这样一种信念，即并不存在一个单一的、完整的、统一的真实视角。看待事物的方式不止一种，没有一种视角能最大限度地容纳所有的善与真。这并不是说不存在错误的观点，也不是说永远都没有充分的理由去选择一种观点而不是另一种观点。然而，它确实意味着，鉴于采用一种观点而不是另一种观点既会有收益也会有损失，有时我们不能客观地决定哪种观点更好。

不要将多元化与普遍性混淆。一个人可以在某些领域是多元主义者，但在另一些领域则不是。例如，一个人可能是一位道德多元主义者，同时是一位科学的一元论者，即相信如果两个科学理论是矛盾的，那其中只有一个理论是正确的。

政治多元化承认，没有一种方法可以使社会完全满足所有对美好生活的合理愿望。不同的公民有不同的需要，其中一些需要可能与他们不同的历史、文化和环境有关。但即使是在文化范畴内，也不是所有合理的愿望都可以得到满足。一些人并不希望他们坚持的宗教信仰被冒犯，而另一些人则要求获得调侃（宗教信仰）的权利；企业希望降低成本，但残疾人则希望企业改造它们的经营场所或交通工具以满足自己的需要；很多消费者希望买到便宜的肉食，但另一些人则希望看到更高标准的动物福利。多元主义政治的作用就是平衡和协调相互竞争的诉求与需要，以使来自不同且不相容立场的事物能够尽可能地共存和相容。

政治多元化不同于民主，民主远远不足以创造一个公平和体面的多元化社会。在一个民主社会里，大多数人只能促进他们自己的利益，同时忽视少数族裔的利益，从而摒弃多元主义。长期以来，政治理论家们都将这种“单纯的多数主义”与民主主义完全区分开，但这种区分无法在仅仅依靠诉诸民主的本质而不回避循环论证的情况下实现。为了避免滑向多数主义，民主需要与某种形式的多元主义相结合，从而成为不同利益和美好生活愿景之间的谈判手段，而不仅仅是一种集体决定走哪条道路的方式。

因此，在某些方面，多元化比民主更有价值。然而，在实践上，它又依赖于民主。历史告诉我们，将治理社会的判断委托给少数未经选举的精英人士是愚蠢的，即使这些精英们一开始就完全致力于多元化。没有了多元化，民主便成了多数人的暴政；但没有了民主，多元化便成了温和的独裁统治——总是冒着陷入更邪恶境地的风险。

政治多元化对许多思想开明的人很有吸引力，但如何证明其合理性呢？一个显而易见的答案是道德多元化：认为人类存在不止一种合理的美好生活的看法。因为政治的主要功能之一就是使人们过上美好的生活，所以道德多元化必然伴随着政治多元化。

我们可以把获得道德多元化支持的政治多元化称为“道德政治多元化”（ethico-political pluralism）。然而，如果政治多元化唯一无可非议的形式就是道德政治多元化，那么它将处于困境之中，原因很简单——很多人并不是道德多元主义者。的确，尽管道德政治多元化是一种自由主义立场，但并不是所有自由主义者都是道德多元主义者。例如，只要不妨碍他人按照正确的方式生活的能力，人们就可以一边自由地追求被误导的美好生活，一边享受宽容的自由主义政策。类似这样的认识为很多国家的自由主义奠定了基础——尽管如此，这些自由主义仍然深深植根于宗教传统。因此，不掺杂道德多元化的自由政治多元化是极有可能存在的，但它并不像道德政治多元化那样卷入前述分歧之中。

然而，依然有很多人既不是自由主义者也不是道德多元主义者，而且对于这些人中的很多人，你不能期望他们改变立场。这意味着有许多拥有不同价值观的人并不认为承认存在这些差异并协商共存之道是完全正确的。因此，为了按照多元化理念管理一个社会，似乎有必要先创造一个由自由主义者和道德多元主义者组成的社会，然而这是不现实的。

幸运的是，我们可能不需要道德多元化或自由主义也能够实现政治多元化。为一个多元化国家辩护的理由是具有规范性的，但它是认识论上的，不是道德上的。换句话说，这种情况依赖于从理性的需求中产生的东西。

正如我在第 9 章中曾经探讨过的那样，理性在本质上是规范性的，其中隐含着我们应当相信或赞成的事。有关这一点最具概括性的表述是我所谓的“理性的规范性原则”：

> 我们应当相信最理性地相信的东西。

这种理性原则具有政治层面和哲学层面的意义。拒绝接受我们应当有理由相信我们所相信的东西的观点，等同于说我们可以毫无理由地相信自己喜欢的东西，这就剥夺了我们为自己的信仰辩护或批评他人信仰的必要条件。这样一来，对话就不可能实现了，而冲突也成了意志的较量。

一般来说，尽管理性的规范性原则在理论上是不存在争议的，但在实践中，却存在一个重大问题，换句话说，它不同于：

我们应当相信在我们看来最理性地相信的东西。

很显然，在“什么是”和“在我们看来什么是”之间是存在差异的。但这种差异似乎让我们陷入了一种困境：把“理性的”与“在我看来是理性的”等同起来的做法似乎有些傲慢；而认为任何个体都能超越事物的表象去看到它们的本质，未免太狂妄自大了吧？那么我们该如何区分什么是最理性的与什么看上去如此呢？这里我们需要一种方法，来决定什么时候我们不应当把看上去理性的东西与通过充足的证据证明是理性的东西相提并论。幸运的是，这种方法是暗含在理性本身的本质中的。正如我所指出的，理性需要客观的理由，而这些理由必须是利益中立的。这就是说，最理性地相信的东西不应当取决于推理者是谁以及他的利益是什么。当然，这并不意味着如果一个人在某种情况下做某事是理性的，那么另一个人在类似情况下这样做也必定是理性的。很显然，理性的做法通常是针对特定情况的。这仅仅意味着，在同等条件下，在何为理性的问题上，不同推理者的看法应该趋于一致。

但是，当然，正如我们在专门讨论宗教和科学之间的关系时所看到的，即使是推理水平非常高的理性主体也经常无法达成一致的看法。他们的观点要么很相近，但在重要细节上无法达成一致，例如物理学界的现状；要么就大相径庭，例如宗教界的现状。我们应当如何将“理性论证应该导致信念趋同”这一事实与它通常无法做到这一点联系起来呢？

作为推理者，如果我们已经充分领略了理性的局限性，并认识到我们对于谦虚的需要，那迎接这一挑战就不难了。如果理性应当导致信念的趋同，但趋同并没有发生，那这就提供了理性缺乏正当性的表面证据，从而使我们无法对这一问题做出最终判断。尽管我们可能有理由做出一个判断，而且实际上可能不得不这样做，但我们还是应当适当地斟酌一下，不要假定可以足够肯定地宣布它是普遍真理。

这并不是说仅凭分歧便足以使你放弃这样的信念，即在你看来理性的东西实际上就是理性的。例如，你可能会有一个令人信服的误差理论：一个关于为什么一个明显理性的人会与你出现分歧的解释。例如，他们可能缺乏你所拥有的关键证据，或者没有机会检验你的论点，又或者他们可能深陷于一种令他们抵制反证或反论证的信念中。然而，我们需要认真采纳一个足够宽容的原则。我们很容易把那些我们不赞成的意见排除在外，声称它们被偏见歪曲了，就好像我们自己不受此类事情的影响一样。

在任何情况下，理性判断分歧导致的主要结果都不是中止判断，而只不过是承认一个有关我们信念的更高程度的可辩驳性，从而使我们不那么强烈地坚持它们。因此，我们可能承认存在一个强有力的证据去相信某种东西，但这个证据还没有强大到使我们坚持认为任何不同意的人一定是非理性的。这种区别看起来既熟悉又一目了然。在没有将其正式化的情况下，人们通常会发现自己在做“消除分歧”的工作，因为他们知道在解决这个问题时没有办法让所有人都满意。

可以在我所谓的“认识论多元化原则”（Principle of Epistemological Pluralism）中找到对这种认识的总结：

> 由于缺乏一种极为强大的误差理论，理性的公正性中蕴含了适当的理性判断会出现分歧的内容，我们应当接受的是，我们没有充分的理由坚持某个结论的真实性，因此我们只能尽自己所能去容纳所有合乎情理的结论，即使

我们相信其中只有一个是唯一的真理。

当然，在这个宽泛的解释中，某些关键的概念并未得到明确，其中最引人注目的是有关适当的理性判断的概念。尽管如此，对于我此处的论点而言，其已经足以证明什么是重要的了。

这种认识论多元化原则是政治多元主义的基础。作为个体，无论我们多么相信美好生活的特定概念被误导了，或者管理社会的特定原则是错误的，我们都无法回避一个事实，即在个体和社会层面美好为何物的问题上，适当的理性主体有时会存在相当大的分歧。如果我们接受——我们也应当接受——理性的政治推论的规范性原则，也就是说，社会应当去做最理性地去做的事，那么我们便被引导至认识论多元化原则的政治推论中——通过增加一个确定其特定政治用途的词组来实现：

> 由于缺乏一种极为强大的误差理论，理性的公正性中蕴含了适当的理性判断会出现的涉及社会如何运行的分歧的内容，我们应当接受的是，我们没有充分的理由坚持某个结论的真实性，因此我们只能尽自己所能去容纳所有合乎情理的结论，即使我们相信其中只有一个是唯一的真理。

这一原则并不是无限包容的，而且也不暗示存在无限制的、放任自流的相对主义。第一，并不是每个政治主张都能得到数量充分或有质量保证的适当的理性判断的支持。第二，我们有时可能会运用一个误差理论，来做出足够强大的判断以消除分歧甚至大范围的分歧。例如，如果我们看到某种立场是以意识形态为基础的，而且通过狂热地诉诸权威来维护，那么我们便有充分的理由驳回对该立场合理性的主张。

在这种情况下，上述做法未必意味着不宽容。正如我们已经看到的，我们有理由保持宽容，但同时我们也不需要接受我们所容忍的虚假的不确定性。它的真实含义是，宽容不是无意识的要求。这一点很重要，因为它为那种强大的自由主义提供了一个辩护理由，这种自由主义不允许受竞争对手保护的有害的意识形态在自己的领地上肆意成长。

现在应当很清楚了，通过这条途径，我们已经实现了政治多元化并获得了它存在的理由：

> 没有任何一种方式可以在管理社会时完全满足所有美好生活的愿望，因为适当的理性判断在社会如何运行方面存在分歧，而且在这种情况下，理性的公正性需要我们承认，我们并没有充分的理由坚持某个结论的正确性，并包容不同的结论，即使我们相信其中只有一个结论是唯一的真理。因此，政治的作用就是在相互矛盾的主张和需要之间实现平衡和协商，以便尽可能多地从不同的、不相容的立场“行善”。

我们可以把这种政治多元化称为“事实上的”多元化。这种多元化如此强大的原因在于，它并不要求恪守对任何特定道德原则的承诺。这种规范性力量完全来自理性自身的规范性本质。正如我们在道德层面所看到的那样，它也不意味着对一切事情开绿灯和对任何事情都敞开大门。

当然，没有一种规范性原则是每个人都同意或必须同意的。有些人可能会直接断言：“我不会接受理性的束缚。”然而，说起来容易做起来难。由于理性的本质是由理由驱动的，真正拒绝理性的人肯定无法为他的拒绝提供充分的理由，而且也很少会有人如此顽固地反对理性。

多元化受到的威胁——“我方”“敌方”的二元划分

当我们思考政治多元化受到的威胁时，人们很容易只想到威权政权，它们要么是世俗的独裁政体，要么是神权政体。但多元化还有可能受到多数主义民主的威胁。这就是为什么已经建立起来的民主多元化国家所遭受的最大的威胁之一是民粹主义。在当今的西方国家，民粹主义是对以理性为主导的国家最危险的威胁之一。

此处的民粹主义指的是世界上除美国以外的其他地方所理解的民粹主义，美国的民粹主义根植于特定历史时期的草根政治运动。在社会科学领域，民粹主义几乎总是被理解为一种有害的简单化倾向，其中，“我们”和“他们”纯粹是通过“善良”和“邪恶”来划分的。因此，最近一本民粹主义学术著作的编辑将其定义为把“一群善良的、具有相同特征的人与一群精英人士和‘其他’危险人物对立起来的运动。民粹主义者的共同特征是剥夺或（试图剥夺）那些至高无上的人的权利、价值观、福祉、身份和话语权”。注意，“善良的、具有相同特征的”这个定语让我们不难意识到，民粹主义不可避免地会导致出现过分简单化的错误。

民粹主义的观点会损害政治多元化所有的关键基础。首先是理性的规范性原则。民粹主义者认同“我们应当相信最理性地相信的东西”，但他们并不重视这种认识和“我们应当相信在我们看来最理性地相信的东西”之间的区别。出现这种情况的原因在于民粹主义拒绝这样一个理念，即在普通人眼中看上去显而易见的事实可能会有与事实不符的外在表现形式。看上去是真的就是真的，只有那些装模作样、遮遮掩掩的精英人士才有可能假装不是如此。

类似地，民粹主义也扭曲了理性应当引导信念趋同的观点。在与某些人并不赞同理性的本质这一事实联系起来之后，我们会发现，民粹主义者并不认为确定性是不可能的，而认为反对者是非理性的。当有人认为自己最理性地相信的东西能够不证自明的时候，即使其他人提出不同的观点，他也不会怀疑自己。在这种情况下，我们还有一个原则：在明显适当的理性判断出现分歧的时候，我们应当接受普通民众的裁定，而不是认识多元化原则。

因此，民粹主义的逻辑对于政治多元化是有害的，因为它直接否认在具有重大意义的问题上存在有意义的分歧的可能性。民粹主义与多元化是针锋相对的：它推崇的是一套价值观而不是一个多元化的价值观，提供的是过分简单化的解决方案，而不是复杂的妥协结果，而且其将人类视为一个整体而不是一个拥有不同社群和个体的社会。在民粹主义的思想体系中，信念代替了理性；而看上去不证自明的常识代替了证据。

考虑到民粹主义常常流露出的民族主义情怀，它在上述差异中所做的唯一让步通常是一种文化上的相对论：拥有不同文化的人可能存在分歧，但处在同种文化中的人会拥有相同的基本价值观。文化相对主义通常被认为是宽容和多元化的驱动器。在这种情况下，我们可以将其视为对我们进行分类的驱动器。为了在不同的价值体系之间做出判断，在缺乏任何绝对标准的情况下，最简单的解决方案便是将它们分类。

有关民粹主义在欧洲的崛起，一直不乏来自智库和政治评论员的警告。然而，它所具有的威胁程度似乎起伏不定。很多人欣慰地看到一个事实：自从 1980 年代以来，除瑞士以外，没有哪个国家的民粹主义政党可以拉到 15% 以上的选票，而进入政府并掌握实权的更是寥寥无几。那些最终分享到权力的民粹主义政党，例如挪威进步党和希腊激进左翼联盟，在立场上也变得更加温和亲民。

然而，最严重的民粹主义威胁并不直接来自民粹主义政党，而是来自主流政治越来越多地以民粹主义模式运作。崛起的民粹主义政党通过唆使主流政党采用他们的华丽辞藻加剧了这一问题。但这个问题的根源却远不止于此。

这个根源已经从现实政治——涉及相互竞争的利益群体之间混乱的妥协——转移到我所谓的“政治消费主义”（political consumerism）之上。消费主义的内涵是在没有政治家和专家调解的情况下，给予人们所希望获得的东西。各个政党已经相应地做出了改变。与其说今日的政治家们在从各自不同的党内位置上反映党员稳定的意愿，倒不如说他们更像具有真正消费主义风格的执行经理。在真正的消费主义风格中，管理者的工作是为公众提供他们想要的东西，或令其想要政党能够为他们提供的东西。根据选举的统计结果，我们可以很清楚地发现听取公众的意见比党员的意见更为重要。由此可以推断，政党必须迎合共同的民意，而它们的政策也必须由民意调查推动。

我们在现实世界中可以很清楚地看到民粹主义的侵蚀作用。政治家既不代表选民，也不代表他的政党。无论他如何努力给予人们他们所希望的东西，他都属于“他们”那一群人，“他们”的职责是为“我们”提供服务，毫无疑问他不会获得完全的成功。具有讽刺意味的是，正是由于试图迎合多数人的意愿，主流政党造成了政治精英与公众之间的错位，从而为民粹主义创造了条件。

这意味着我们生活在一个让真正的民主面临危险的时代。民粹主义的政治模式——其本质是反政治的——已经变成普通政治的一部分。这种情况潜在地破坏了一个多元化民主国家的根基。它用一个简单的理念取代了任何理性对话、妥协和适应的需要，这个理念是，政府的作用就是反映人民明确、统一的意愿。

与此相关的一个重大问题是，如果你是在一个谬见的基础上当选的——正如阿里斯托斯·佐克西亚季斯（Aristos Doxiadis）和马诺斯·马察加尼斯（Manos Matsaganis）所剖析的那样，所有“恶行都源自‘人民’之外；人民的利益是一致的，而且在这个均质实体中没有重大矛盾或问题需要解决”——那么任何形势你都是无法掌控的。往好了说，你会遭遇短期困境并通过回归传统政党形象来收拾残局。往坏了说，你会创造一种持续的态势，使局面变得无法掌控，因为唯一有候选资格的政党也是不负责任的。在这一点上，意大利可以作为一个明证。在第二次世界大战后任何连续的时间段内，这个国家都没有在现实政治的合理性和效力方面真正建立起广泛的信任。政治家的犬儒主义在特定环境下大行其道。如此多的人准备一次又一次地投票给西尔维奥·贝卢斯科尼的唯一理由就是他们其实并不相信存在有原则的政治环境。如果你认为所有罪犯都是恶棍，那你就把选票投给那个最干练的恶棍。

因此，对政治的幻灭是有害的，民粹主义只会增加这种幻灭的感觉，因为它一方面从公共领域撤出了更为细腻的思想阐述，后者对于解释为什么它无法奏效是必需的；另一方面它导致政党做出了无法兑现的有关简单解决方案的承诺。

世俗主义能更公平、和平地处理冲突

民粹主义还面临另外一个威胁。对于一种政治文化而言，如果它不是世俗的，那么它便很难具有真正民粹主义的底蕴。任何一个向特定宗教赋予特权的国家都会努力接受那些持有不同世界观的人的主张。然而，与民粹主义一样，世俗主义作为一个明确的批评对象也明显受到了威胁。因此，为世俗主义辩护，尤其是将其与更具攻击性的反宗教政治体制区分开来是非常重要的。

世俗主义并不是一种不信仰宗教的学说，而是指涉及宗教信仰时的国家中立态度。世俗主义允许自由信仰宗教，但并不给予任何形式的信仰和无信仰特权。因此，一个世俗国家未必是一个无神论者的国度。以法国的政教分离原则（Laïcité）为例，它是一种极为严格的政治制度，政府不被允许收集有关人们的宗教信仰的数据。然而，基于最乐观的估计，无神论者在该国总人口中的所占比例也不过四分之一，而更为冷静的估计则是大约十分之一，与英国的情况大体相当。

在一个世俗国家里，尽管宗教在个人层面依然盛行，但在政治层面上，它变成了一种无形的存在。世俗政府和政治家不会援引经文或宗教权威来为他们的政策辩护。相反，他们谈论的是所有人都能共享的原则和关切，无论他们的信仰如何。

世俗主义当然对无神论者有吸引力。一个世俗国家显然比一个神权国家更可取。现代西方无神论传统尊重人们自行决定信仰问题的能力和权利，因此国家在处理宗教问题时的正确角色是不介入，而不是禁止。

从根本上讲，世俗主义的兴起主要不是因为它适合无神论者；相反，它更适合有信仰的人群，因为它允许一个国家对相互竞争的宗教观点的优点保持中立，从而允许各种信仰的繁荣。最初，这些信仰多半以各种教派的形式出现，甚至并不涉及多个宗教。这就解释了拥有强大宗教信仰基础的美国在世俗上坚决区分宗教和国家所呈现的明显悖论。这个原则的建立，不是基于宗教对美国人不重要的假设，而是基于完全相反的观点，即宗教尤其是基督教是他们绝对根本的信仰。例如，《美国独立宣言》灌输的就是有神论。宣言的第一句话里便谈到“自然法则和上帝的旨意赋予”我们的权利，而在第二句话里提出了人权“是由造物主赋予的”。教会分区和国家的建立是以许多不同的基督教教派为基础的，因此国家拥有一个特权教派是不可接受的。这就是为什么《美国权利法案》第三条规定“国会不得制定关于确立国教或禁止信教自由的法律”。这种措辞暗示，信仰自己宗教的自由是最重要的。因此，国家保持中立是为了保护信仰，而不是削弱信仰。

因此，世俗主义的繁荣也许适合无神论者，但对他们而言，这无论如何都算不上胜利。世俗中立在适用于无神论者的同时也适用于宗教信徒。就像根据《圣经》和《古兰经》的教义确定一个政治性政策论证是不可接受的一样，以上帝不存在为基础进行公共政策论证也是不可接受的。尽管如此，从某种层面上讲，世俗主义更适合无神论者而不是宗教信徒。在一个世俗国家里，宗教词汇是以某种形式游离于公共语境之外的，这与无神论的自然词典的境遇正好相反。例如，有关人权的世俗讨论是以宗教和非宗教人士都可以接受的措辞表达出来的。然而，在这些措辞中，很少有明显必须删除的无神论者的信仰或概念，相反有相当多的宗教信仰内容是不能纳入其中的。因此，尽管世俗的表述不同于无神论的表述，但它更接近无神论的自然表达方式，而不是宗教的表达方式。

这在某种程度上解释了人们的一个疑问：为什么在过去的 10 多年里，越来越多的人抱怨，世俗社会把宗教信仰的问题降级到了纯粹的个人领域，从而否认了宗教在社会中的重要性。因为用宗教术语来表述政治辩论是不可接受的，宗教观点亮相的机会越来越少，甚至几乎销声匿迹了。因此，传统世俗的西方社会越来越被要求为宗教在公共生活中寻找更多的空间，而不是将其完全留在私人领域。

如何改变这种情况呢？比库 · 派瑞克（Bhikhu Parekh）提出的一个富有影响力的论点或许是针对这个问题最全面和最严谨的表述。他赞成让宗教回归公共领域，认为把宗教排除在公共领域之外没有充分尊重宗教信仰及其在人们生活中的重要性。此外，世俗主义还赋予了一个不被广泛接受的特定的、无神论的自由世界观特权。世俗主义并不像它所宣称的那样，在信仰方面是中立的；相反，它剥夺了真正的宗教人士公开表达信仰的权利，因此，它赋予了无神论者的自由主义高于其他信仰体系的特权。它不是意识形态上的中立，而是另一种强加的意识形态。

因此，有人认为，传统的世俗主义必须消失，取而代之的必须是允许宗教回归公共领域。这样做不是为了制造信仰上的冲突，而是为了在没有人觉得必须否认他们的世界观所仰仗的基本信念存在差异的情况下，让分歧得到公开化解。不同的宗教信仰和非宗教信仰并存的和谐社会的秘诀并不在于大家要在面对分歧时保持沉默，而在于要本着相互尊重和理解的精神公开讨论分歧。

在很多方面，这种说法听起来都很吸引人。这明显是一种多元主义，而且正如我所指出的那样，多元主义是自由社会的基石。但这种将宗教置于公共领域核心地位的多元主义并不是唯一的选择。有一种世俗的多元主义，更适合宗教信徒们所要求的尊重和承认，以及解决我们之间的分歧。这不完全是现阶段的世俗主义，因为后者还常常会表现出某种宗教恐惧症。保持世俗中立的愿望有时会导致在公共领域过度清洗宗教的符号、语言和习俗。其结果便是人们感到他们的信仰并未得到应有的尊重。这与世俗主义自身的信条是背道而驰的，因为世俗主义的全部意图是让每个人都能坚持自己的信仰而不是消除它们。因此，世俗主义并不存在根本性的缺陷，它只是走错了方向。

这就是针对世俗主义的分析，但修正的方法是什么呢？我想说，尽管派瑞克有关世俗主义失败的解释颇有说服力，但修正方法肯定不是他所倡导的那种多元主义。有一条界线是派瑞克希望突破的，但我认为我们不应当突破。我们需要允许宗教信仰存在更多的表达方式，但政治和政府的公共空间必须保持宗教中立。

为说明原因，我们需要提醒自己注意世俗主义的强大力量。已故哲学家斯图尔特·汉普希尔（Stuart Hampshire）在自己的遗作《正义乃冲突之物》（*Justice is Conflict*）一书的书名中隐含了有关政治的重要真理。政治之所以存在，是因为社会中人们和族群之间的利益、需要和欲望会产生冲突。因此政治在本质上讲是一个有关冲突解决方案的问题，而公正的社会是一个公平的、充满希望的、和平的社会。

这听起来像一个带有些许对抗性的政治观点，但它是不折不扣的现实主义观点，因为它承认多元主义事实上的分裂性维度。我们并不认为政治领域充满了冲突，因为恰恰在西方民主国家中，我们找到了应对这些冲突的文明与和平的方式。尽管我们还是会时不时看到小规模的抗议、罢工和偶尔出现的非暴力反抗运动，但在公共场合极少会爆发公然的和暴力的冲突。

公正而和平地处理这些冲突是一个巨大的成就，但我们的世俗传统受之无愧。世俗主义是我们对抗宗派主义的强有力的堡垒。世俗主义的核心就是将政治理性视为一个共同的事业。世俗主义要求，在公民领域，我们只使用一种我们共有的语言，并忽略将我们区分开来的真实的世界观，从而迫使我们找到共同的基础。对当前有关宗教的辩论至关重要的是，它其实并不需要我们为了统一思想而抛弃我们个人的信念：每个人都可以把自己的信念摆到世俗的桌面上。关键在于我们找到了一种用普世主义而非单一主义的措辞将它们表达出来的方式。我们以有关堕胎的争论为例。一个虔诚的天主教徒很显然会受到自身信仰对这个话题的强烈影响，而且当辩论发生在公共论坛（例如议会）上时，这些信仰会起到举足轻重的作用。但关键是她必须找到某种方式，用每个人都能理解和欣赏的方式来表达它们。如果她说“我们应当禁止堕胎，因为它违反了罗马天主教会的教义”，此时她并未提出任何超出自己信仰的主张。如果她援引罗马天主教的教义是为了为人类生命的尊严辩护，而不单纯是为了保护这个教义，那么她便为这场世俗辩论做出了贡献，即便从根本上讲她的基本承诺是以宗教为基础的。

世俗主义并不否认人们拥有受到他们宗教信仰的激励并以此生活的权利。它甚至也不禁止他们把这些义务带到世俗国家。它唯一禁止的就是用宗教术语表达辩论的内容。正如政治哲学家约翰·罗尔斯（John Rawls）所言：“不管是宗教的还是非宗教的，合乎情理的全面性学说在任何时候都可以被引入公共政治讨论中；前提是无论被引入的全面性学说能否真的提供支持，其只要在适当的时候提出适当的政治理由（而不仅仅是全面性学说给出的理由）即可。”把“在适当的时候”从这段表述中删掉就比较完美了。

现在我们来考虑一下派瑞克思想的替代选择问题。根据他的观点，传统的世俗主义强迫我们掩饰我们的宗教信仰，或假装它们并不存在，这在某种程度上贬低了它们的价值。我们所倡导的应当是让人们发出自己真实的声音。如果天主教确实是某些人反对堕胎的根源，那就让他们这样说吧。只要我们可以自由地表达思想，我们就仍然能够以诚实和尊重的方式解决冲突。这似乎是一种令人心动的方式。但危险依旧清晰可辨：我们用来提出我们的论点的，不是略带几分雕琢痕迹的中立的世俗表述，而是宗派的而非共享的措辞。换句话说，它不再要求我们尽可能客观地陈述我们的论点，而是鼓励我们用更主观的方式来表达我们具体的、全面的世界观。尽管如此，那种认为在这样的讨论中，我们都将变得足够成熟和开放，从而达成一致的想法在我看来似乎过于乐观了；相反，我们最终可能会比以往任何时候都更加分裂。当我们把注意力集中在分歧上而不是团结上时，可能达成一致的程度将变得不那么明显。政治家们将不再以公民身份而是以基督徒、犹太教徒、无神论者、佛教徒或其他任何信仰追随者的身份表达自己的观点。人们也更有可能基于教派的信条投票：如果人们表达的都是具有独特意识形态特征的观点，那我们也会希望把自己的观点表达出来。

这种情况对于公共生活恐怕是一种灾难。充分尊重信仰的多样性，而不强加一种同质的、模糊的世俗主义的意图是崇高的。但做到这一点的方法却不是抛弃世俗主义，而是让带有不和谐音的不同信仰体系进行“斗争”。正确的途径是更温和地改革现有的世俗主义并消除它的宗教恐惧症。世俗社会没有必要假装宗教对人们不重要，也不应当禁止任何人公开表达他们的宗教观点。

有一个例子可以证明这种方法是充分尊重不同信仰的，这就是有关宗教学校的辩论。我与几位人道主义哲学家共同撰写了一本反对宗教学校的宣传册。我们并未隐藏自己的非宗教观点，这显然影响了我们辩论的过程。不过，我们确实试图以人人都能接受的方式来阐明我们的观点。显而易见的是，我们从未把所谓的宗教虚伪性当作我们主张不开办宗教学校的一个理由；相反，我们的辩论以儿童自主性和社会凝聚力等因素为基础展开——将宗教因素包括在内而不是排除在外。这体现的是典型的世俗原则：我们必须创造一个宗教因素也能融入其中的环境。的确，几年后，反对宗教学校蔓延的协调联盟（Accord Coalition）成立了，其成员包括宗教人士、人道主义者、工会会员和人权运动组织者等。

宗教学校的情况也需要以同样的方式来解释，事实上通常也是如此。建立宗教学校可能有意识形态上的原因，但它们与政治辩论无关；相反，我们需要就父母养育子女的自由、平等对待那些不同信仰的人之类的问题展开辩论。所有这些辩论都不涉及无情地清除所有关于宗教的提及，因为真正的世俗主义根本不会涉及这一点。

世俗多元主义的复兴

这种复兴趋势具有什么现实意义吗？对于这一复合思想体系的世俗因素而言，复兴意味着出现了一个需要世俗中立的更紧凑、更小型化的公共核心，以及在此之外放宽对宗教诉求的限制。

我们首先探讨一下这个更紧凑的核心。在任何民主国家里，任何宗教团体都不应享有特权地位。在英国，这意味着废除英国国教的地位并取消它自动拥有的主教在议会上议院的席位。这显然是第一步：我们不能劝说其他信仰的人改变信仰，而且在一个国家里，当某个教派拥有特权地位时，就没有任何平等可言了。在信仰方面，所有的民主政体都应该同样完全中立。

但除此之外，我们需要更放松地看待宗教界表达自己思想的问题。举例来说，没有理由不让公证婚礼在新人的要求下加入宗教歌曲或歌词；没有理由不允许人们在工作中佩戴代表宗教信仰的标志；没有理由不让明确的非宗教节目播出，就像宗教信徒某天发表的观点和祈祷会激怒无神论者一样，获得同样机会的无神论者也会发出未经审查的宣传攻势并激怒宗教信徒。进一步而言，资深政治家甚至没有任何理由不承认他们的宗教信仰的重要性，尽管他们需要非常小心，不把这些信仰作为他们在政策上的立场的理由。

一些世俗主义者开始承认需要建立一个允许表达更多宗教诉求的、开放的公民社会。例如，法国哲学家阿兰·巴迪欧（Alain Badiou）谈到，欧洲需要在开放的和封闭的思想之间做出选择，而且还需要创造一个移民和少数族裔可以接受的新空间。与此相关的是，人们认识到，“官方的”世俗立场并不总是最站得住脚的。例如，巴迪欧曾写过一篇文章，对法国试图禁止穆斯林妇女戴头巾的做法进行了严厉的批评，并对那些声称该法律可以保护政教分离或实则为妇女着想的观点进行了抨击。

尤尔根·哈贝马斯（Jürgen Habermas）是另一位世俗自由派，他的观点是不要轻视宗教。他曾说过，“自由的国度有必要在政治公共领域放松对宗教话语的约束，因为它不知道如果不这样做，世俗社会是否会切断自己创造意义和身份的关键资源。”哈贝马斯还坚持要求宗教人士的这些贡献必须用通俗易懂的语言来表达，这就保留了世俗主义传统中的中立的公共话语模式（如果不是全部的话）。而且，他还为非宗教人士设定了某种责任，以便促成这种转变。

当然，在“放松对宗教话语的约束”这一问题上还是存在困难的。自由表达宗教思想的权利并不意味着你有权做任何你认为你的宗教要求你做的事情。例如，未能满足动物福利标准的清真认证屠宰便是不可接受的。信仰宗教的权利并不一定意味着你有权把自己的孩子送到宗教机构学习。穿戴宗教服饰的权利也不包括你可以在出于安全原因必须露出全脸的地方穿戴罩袍。但这些难以处理的案例并不典型。多数时候，人们都可以在不威胁世俗原则的前提下过严守教规的生活。

如果宗教被允许在那些世俗主义应当适当允许它维护自身主张的领域重申自己的主张，那我希望那种渴望将宗教带入适当世俗场合的力量能消失。而这将会是一件大好事，因为与信仰有关的世俗中立是阻挡在我们和社会之间的一个障碍，它所起的分裂作用甚至超过宗教信仰的影响力。这便是世俗主义对每个人——无论是信徒还是非信徒——都有益的原因。如果你信仰一个富有同情心的上帝，他看重人类为自己选择信仰的能力，那么我们的结论便很明显了：上帝也将是一个世俗主义者。

至于这个问题涉及的多元化因素，尽管政治多元化的环境能够很容易营造出来，但无论多么（相对地）直截了当，民主政体都不能通过诉诸哲学论证来获得其选民的同意。此外，由于民粹主义并不根植于理性论证而是诉诸常识，因此认为论证能够根除它似乎是不现实的。更糟糕的是，一旦民粹主义站稳脚跟，我们会越来越难找到支持多元主义的理由，因为这样做似乎恰恰佐证了民粹主义者所抱怨的那种精英主义的过度复杂化。

因此，为了维护政治多元化，我们需要撇开哲学上的争论，从更政治的角度来思考什么才是有效的。

首先，在支持事实多元化的复杂论点与清晰、简单的政治信息之间，可能存在某些言辞上的桥梁。化繁为简不仅极为困难而且几乎不可能实现。人们必须定期了解社会所依赖的权衡和包容。这些不应作为有问题的妥协，而应作为值得庆祝的成就。例如，人们不喜欢通过征税强制交出个人财富，但他们肯定喜欢道路、学校和医院，而且他们应当逐渐认识到二者是相辅相成的。

尽管很多此类问题并不直接涉及多元主义，但必须指出的是，政治的整个基调是承认复杂性和妥协的。越多的解决方案以无成本和显而易见的方式提出，当一切水落石出时，人们对成本就越不宽容，或者当事情终究不是那么简单的时候，人们对复杂性的态度也会如此。

对日常政治话语的另一种重新设定是，拒绝使用类似“人民”这样过分简单化的词汇以及类似“努力工作的家庭”（hard-working families）这样毫无意义的、虚伪的说法。此类言辞应当清楚地表明：我们每个人都是不同的，我们都有不同的需要。政府的工作应当尽可能满足这些需要。每个人都同等重要，而且都是独特的。

最后的策略必须是愿意直接面对简单的伪解决方案，并清楚地解释为什么它们不可能，以及它们的成本是什么。如果它确实是错误的，那么政治家不必害怕告诉人们它就是错误的。如果有充分的理由，那挑战民意就是领导者力量的象征，最终会得到回报的。历数近几十年来英国最成功的政治家——至少在选战中——非玛格丽特·撒切尔莫属。尽管被很多人厌恶，但她刚毅、果敢的性格经常为她赢得难得的尊重。

因此，为了反击民粹主义和保护多元主义，我们真正要做的不亚于一场政治复兴运动，这里是分歧、辩论和多样化的竞技场，每个人的利益和关切都包含其中。换句话说，政治应以理性辩论为中心，其需要重建人们对政治体系的信任。这些试探性的解决方案在某种程度上似乎很"客气"，但在另一些方面却是乌托邦式的。它们的"客气"表现在它们似乎只是改变了我们谈话的方式。但在某种程度上，政治其实就是一个关于我们如何谈话的问题，即我们如何构建对话，以便用最小的冲突达成妥协。

它们的乌托邦特征表现为，它们要求政治家拒绝告诉人们他们最希望听到的东西。这是一粒苦药，但它可以被裹上糖衣，即通过赞美当今的多元化国家在不失去那些承认法治并尊重所有权利的核心价值观的前提下包容不同价值观的能力。

即使我们对改变我们的政治文化使其更加理性的可能性感到悲观，我们也别无选择，只能去尝试。在政治领域，"理性薄冰"之下的水特别地汹涌且冰冷。潜伏其中的捕食者都是投机取巧的民粹主义者和引发纷争的民族主义者，他们注定要吞噬那些同样对现实政策的复杂程度视而不见的、少数天真的理想主义者。理性作为对付这种危险的防御手段似乎很无力，但它是我们唯一拥有的武器。

本章小结

从最普遍意义上讲，多元化是指这样一种信念，即并不存在一个单一的、完整的、统一的真实视角。看待事物的方式不止一种，没有一种视角能最大限度地容纳所有的善与真。

政治多元化承认，没有一种方法可以使社会完全满足所有对美好生活的合理愿望。不同的公民有不同的需要，其中一些需要可能与他们不同的历史、文化和环境有关。但即使是在文化范畴内，也不是所有合理的愿望都可以得到满足。

没有了多元化，民主便成了多数人的暴政；但没有了民主，多元化便成了温和的独裁统治——总是冒着陷入更邪恶境地的风险。

作为个体，无论我们多么相信美好生活的特定概念被误导了，或者管理社会的特定原则是错误的，我们都无法回避一个事实，即在个体和社会层面美好为何物的问题上，适当的理性主体有时会存在相当大的分歧。

在政治领域，理性共同体需要我们抛开将我们分割开来的真实的世界观，并以世俗的形式、以我们共同使用的语言展开讨论和辩论。

在某种程度上，政治其实就是一个关于我们如何谈话的问题，即我们如何构建对话，以便用最小的冲突达成妥协。

The Edge of Reason

A Rational Skeptic in an Irrational World

结论
利用理性

有些人可能会惊讶地发现，我在为理性辩护时，总是急于指出它的局限性。如果你是我的朋友，那你一定会很好奇地问我是不是理性需要有对手才能存在。理性需要这种严厉的爱。我们不能像对待一个需要无条件支持的孩子那样对待它；相反，我们需要将其视为精英运动员，督促其努力锻炼并提高竞技水平，否则它将一事无成。

我们所面临的最困难的问题往往要求我们游走于理性的边缘，将理性的能力延伸至极限。在做这种“拓展训练”时，如果只称赞它几乎毫不费力就能做好的事情，比如分析论点的形式逻辑有效性或发现矛盾，那将是错误的。它还需要我们关注其先天的薄弱环节，例如它必须处理含糊不清的问题或无法证明的前提，以及它需要谨慎地使用判断。

怀疑能帮助我们适度且谦逊地运用理性的力量

说到底，我所维护的理性概念都是一个值得怀疑的概念。对于已经捕捉到本书主要历史灵感来源的读者而言，产生怀疑是意料之中的事。这个灵感来自 18 世纪的天才大卫·休谟。与其他众多哲学家相比，休谟显然更加怀疑理性的力量，但他的怀疑是非常集中和有限的，把他定性为一个揭露理性“真面目”的人是错误的。正如迈克尔·帕特里克·林奇指出的那样：“从最广泛的意义上来说，理性是解释和证明我们的信念与义务的能力。”但人们经常狭隘地使用理性——“使用特定的方法，诉诸特定的资源，参与特定的实践活动”，包括“逻辑推理和观察”。林奇说：“对理性的怀疑态度便涉及这种狭隘性。”一般而言，粗心的怀疑主义者会将这种怀疑态度误认为针对理性的怀疑主义。而认真的怀疑主义者——例如休谟——则注意到这种怀疑态度为理性发挥更大的作用留足了空间。

休谟温和的怀疑主义恳请我们，“首先确定明确且不证自明的原则，然后按照谨慎而准确的步骤前进，经常评估我们的结论并精确检查所有的结果；借助这些方式，我们会在我们的系统内取得缓慢而短暂的进步；只有这样，我们才有望获得真理，并为我们的决定增加适当的稳定性和确定性”。

对于使用理性意味着什么，没有比这更清楚的概括了。然而，我们必须记住，在休谟看来，这个过程中的每一步都是不完美的。我们以“适当的公正性”为目标，但永远做不到完全公正或不受偏见的影响。我们可以尝试“从明确且不言自明的原则开始”，但这些原则都不是完全透明或毫无疑问的。我们期望以“谨慎而准确的步骤”前进，但我们永远都做不到完全正确。因此，我们更应当“经常评估我们的结论并精确检查所有的结果”。

休谟认为怀疑主义不能反应过度。我们必须承认，我们的思维方式依赖于一些我们不能用纯粹的理性或科学观察来证明的基本原则。我们要么在思考问题时承认理性的局限性，要么跟着怀疑主义走进死胡同。休谟声称，没有人会真诚地沿着第二条路走。一个极端的怀疑主义者“无法期待他的哲学能对思想产生任何持续不变的影响；或者假如这种影响出现，将有益于社会……所有的话语，所有的行动都会戛然而止；人们仍然处于浑浑噩噩的状态，直到自然的需要得不到满足，他们悲惨的生活才能画上句号。”如此极端的怀疑主义缺乏学术上的严肃性，因为它变成了一种没有人能一直玩下去的游戏。

因此，休谟倡导一种形式更为适度的“温和的怀疑主义”（mitigated skepticism），它的作用是纠正大多数人“在他们的意见中表现出来的肯定而武断的倾向”，他们只看到一个侧面，“而不考虑任何与之相对的论点”。这种温和的怀疑主义教导我们说：“在各种详细审查和决定中都存在某种程度的担忧、谨慎和谦逊，它们应当永远与一位公正的推理者相伴。”休谟的这种温和的怀疑主义便是我所描述的一种适度且必要的理性形式的模型。

危如累卵的理性

有些人可能会认为，对理性如此怀疑的防御态势导致其既肤浅又虚弱。但我认为，任何肤浅的解释都是必要的和适当的。纵观启蒙运动的历史，针对理性的力量及其范畴，不同的思想家有非常不同的独特信念，并由此折射出启蒙运动的精神实质。他们共同拥有的是对一种非常肤浅的理性概念的信奉，即在一个共同的知识空间里，人们可以讨论和思辨分歧，一切对所有人都是开放的，不能为了战胜他人而诉诸权威。林奇将这种理性的共享传播称为“启蒙运动真正富有启迪的思想”。但问题在于，在与西方知识界众多专家交流之后——尽管他们中的很多人都在标榜致力于这种肤浅理性研究的大学里讨生活——你可能会认为前述认识并不存在。

我们似乎忘记了在这个领域之外还有其他人。用一个带有不幸内涵的词来说，形形色色的宗教激进主义者都选择了退出理性研究领域。他们认为真实的东西是确定的，而不是可辩驳的。它只能由上帝来评定，而不能由人来评定。没有人试图去理解持不同观点的人的利益，他们所提倡的强制不是来自思想本身，而是来自暴力的力量。

但这些扭曲的价值观并不仅仅体现在宗教激进主义者身上。例如，在我看来，美国政府主导实施第二次海湾战争的做法，似乎就表现出了对我所捍卫的理性价值观的一种令人不安的蔑视。我不相信美国政府会有兴趣把行动的真实理由解释清楚。它对萨达姆·侯赛因的主要指控经不起推敲但还要让人相信。有一个目的是可以确定的。但在我看来，它似乎忽略了我们必须承认我们的信念是可辩驳的。那些视角相左的其他人的利益和观点也没有得到足够的重视。最后，美国政府给出的理由是不是令人信服的已经无关紧要了——毕竟已经通过军事手段体现了强制。

然而，很多站在反战最前沿的学者和知识分子必须为侵蚀理性的范畴，以及帮助使这种对理性的无视成为可能承担部分责任。回想一下，小布什总统通过他的高级顾问告诉记者，他的人民已经没有时间建设我们所谓的“基于现实的社会”（reality-based community），在这个社会里，人们“相信解决方案来自你对可辨别的现实的审慎研究”；相反，“我们现在是一个帝国，当我们行动的时候，我们便创造出属于我们自己的现实。而且当你研究那个现实的时候（你肯定会明智而审慎地那样做），我们将再次行动，创造新的现实，而且你可以继续研究。这就是解决问题的方式。”如果不是相对主义和反理性的话语从学术界源源不断地渗透到公共领域，我认为这种说法是不可想象的。

我们对分歧的执迷造成了这样一种印象：在理性的共同领域里，分歧是无法通过讨论解决的。我们只有通过各种各样的话语和合理化的手段来使不同利益集团的形象趋于正面。这不仅仅是对那些被宽泛地贴上后现代主义标签的思潮的批判。

后现代主义的对手们将自己定义为理性的唯一捍卫者，而且由于他们的对手心甘情愿放弃理性和理性的标签，这件事变得更加容易了。在这样做时，他们也获得了一种认识，即知识领域太过分散，按不同派别呈现出一种分裂状态，以至于任何一般性对话都不可能进行。而反后现代主义者认为，知识界的大部分人都是反理性的，这也助长了一种感觉，即试图在尽可能广泛的辩论场合提出自己的观点是毫无意义的。

我们必须心甘情愿地承认理性的共同价值观依然是存在的——毋庸讳言，这是一个很肤浅的概念——但正是由于这个概念的肤浅性，才使得如此多持不同观点的人能够共同拥有理性的价值。我们需要这样做，以重新确立知识分子话语的合法性，使其成为讨论差异和化解分歧的领路人。现在是西方知识分子开阔视野的时候了。他们应该意识到，除非他们重视他们所拥有的共同理念，否则理性探究的整个过程，对于那些寻求解决当今问题的人来说，只会变得越来越无关紧要。

那些认为自己的推理建立在坚实的基础之上的人，与那些相信思维可以摆脱理性束缚的人一样，都是被蒙蔽的。他们都是在薄冰上滑冰，越不了解冰面状况，就越容易落入冰窟。

北京阅想时代文化发展有限责任公司为中国人民大学出版社有限公司下属的商业新知事业部，致力于经管类优秀出版物（外版书为主）的策划及出版，主要涉及经济管理、金融、投资理财、心理学、成功励志、生活等出版领域，下设“阅想·商业”“阅想·财富”“阅想·新知”“阅想·心理”“阅想·生活”以及“阅想·人文”等多条产品线，致力于为国内商业人士提供涵盖先进、前沿的管理理念和思想的专业类图书和趋势类图书，同时也为满足商业人士的内心诉求，打造一系列提倡心理和生活健康的心理学图书和生活管理类图书。

《思辨与立场：生活中无处不在的批判性思维工具》

- 风靡全美的思维方法、国际公认的批判性思维权威大师的扛鼎之作。
- 带给你对人类思维最深刻的洞察和最佳思考。

《美德反思：行善的边界与智慧》

- 我们行善，不仅仅是为救他人于水火，更是让他人的心灵得以救赎。
- 美德一旦越过边界，便成为一种恶念，健康的美德比身体的强壮更重要。
- 全球 20 余位各领域大师鼎力推荐，阐释美德真知。

《优雅的辩论：关于 15 个社会热点问题的激辩》

- 辩论的真谛不在于辨明是非曲直，而在于缓和言论，避免曲解。
- 辩论的最高境界不在于输赢高低，而在于发人深省，以开放的心态达成妥协。

《学会辩论：让你的观点站得住脚》

- 逻辑思维精品推荐。
- 无论是成功地进行口头或书面争辩，还是无懈可击地阐述自己的观点，并让他人心悦诚服地接受，背后都有严密的逻辑和科学方法做支撑。
- 只有掌握了本书所讲述的重要的辩论技巧和明智的劝服策略，才能不被他人的观点带跑、带偏，立足自我观点，妙笔生花、口吐莲花！

《美国积极思想简史》

- “积极乐观进取、奋发向上、百折不挠”的精神构成了当今“美国梦”的核心，也构成了美国的国家精神，成为了美国国民的信仰。
- 《美国积极思想简史》一书将重现一个多世纪以来深刻影响美国现代生活和文化核心的“新思想、积极思想”的发展历程，带你追根溯源，寻找构成美国主流意识形态和美国精神的根本之源。

《安妮聊哲学》

- 英国最受追捧的安万特科学图书奖提名人与你聊聊哲学那些事。
- 有图、有料、有真相，另类的解读让你捧腹之余，感悟人生的真谛。
- 我们的每个决定和生活的方方面面都与哲学密不可分。让安妮·鲁尼带你走进哲学的世界，了解重要的哲学思想，培养哲学思维，领悟看似高深莫测的人生问题背后的哲学真相。

《心灵三问：伦理学与生活》

- 三问三答，反思伦理学的起源与发展，追寻伦理与道德的真谛。
- 一问伦理学能否提供给我们借以做出选择的独立知识；二问三大传统伦理学理论的优点与局限；三问环境主义、女权主义、多元文化主义对传统伦理学的影响。